我翱翔天地之间
潘帕斯雄鹰展翅

根廷队

流年 编著

典藏版

直笔体育百科系列

北京时代华文书局

目 录

	荣耀时刻	1
	巨星榜	9
	篇首语	45
第一章	来自历史的积淀	51
	开始与足球的缘分	52
	让世界熟悉阿根廷队	56
	这是一次惨痛的失败	58
第二章	雄鹰首登世界之巅	63
	混乱管理下的出征	64
	用世界杯冠军疗伤	67
第三章	属于上帝的时代（上）	73
	这一刻，天才诞生	74
	这一刻，亮相世界	77
	这一刻，天神下凡	83
第四章	属于上帝的时代（下）	89
	这一刻，带伤作战	90
	这一刻，英雄落幕	94
	这一刻，时代结束	98

第五章	难以打破的魔咒	**101**
	后马拉多纳时代	**102**
	正确的路在何方	**108**
第六章	倔强的梅西时代	**113**
	登场亮相,"球王"传人	**114**
	初出茅庐,展露锋芒	**118**
	天才遇阻,艰难前行	**119**
	世界之巅,一步之遥	**124**
第七章	梅西的绽放时代	**135**
	寻梦之路,重新起航	**136**
	触底反弹,追逐之路	**141**
	甜蜜时刻,冠军到来	**143**
	震惊世界,"球王"加冕	**147**
	经典瞬间	**157**
	星光璀璨	**179**
	最佳阵容	**198**
	历任主帅及战绩	**199**
	历届大赛成绩	**200**
	历史出场榜	**202**
	历史进球榜	**203**

FIFA WORL

荣耀时刻

⚽ 2022年世界杯决赛，阿根廷队在常规时间和加时赛中与法国队3∶3战平，梅西打进两球，姆巴佩上演帽子戏法。点球大战中，法国队两次罚丢点球，阿根廷队险胜夺冠，历史上第三次捧起世界杯冠军奖杯。

阿根廷队决赛出场阵容（"433"阵形）：

门将：23-埃米利亚诺·马丁内斯

后卫：3-尼古拉斯·塔利亚菲科（21-保罗·迪巴拉，120′）、19-尼古拉斯·奥塔门迪、13-克里斯蒂安·罗梅罗、26-纳韦尔·莫利纳（4-贡萨洛·蒙铁尔，90′）

中场：20-亚历克西斯·麦卡利斯特、24-恩佐·费尔南德斯、7-罗德里戈·德保罗（5-莱安德罗·帕雷德斯，102′）

前锋：11-安赫尔·迪马利亚（8-马科斯·阿库尼亚，64′）、9-胡利安·阿尔瓦雷斯（22-劳塔罗·马丁内斯，103′）、10-利昂内尔·梅西

2

⚽ 1986年世界杯决赛,阿根廷队3∶2险胜联邦德国队,豪尔赫·布鲁查加第84分钟打入绝杀球,帮助阿根廷队第二次夺得世界杯冠军。这届世界杯被称为"马拉多纳一个人的世界杯",他在整届赛事中的表现震惊世界。

阿根廷队决赛出场阵容("352"阵形):

门将:18-内里·蓬皮多

后卫:19-奥斯卡·鲁杰里、5-何塞·布朗、9-库休福

中场:16-奥拉蒂科埃切亚、12-埃克托·恩里克、2-塞尔希奥·巴蒂斯塔、7-豪尔赫·布鲁查加(21-马尔塞洛·特罗比亚尼,90′)、14-里卡多·朱斯蒂

前锋:10-迭戈·马拉多纳、11-豪尔赫·巴尔达诺

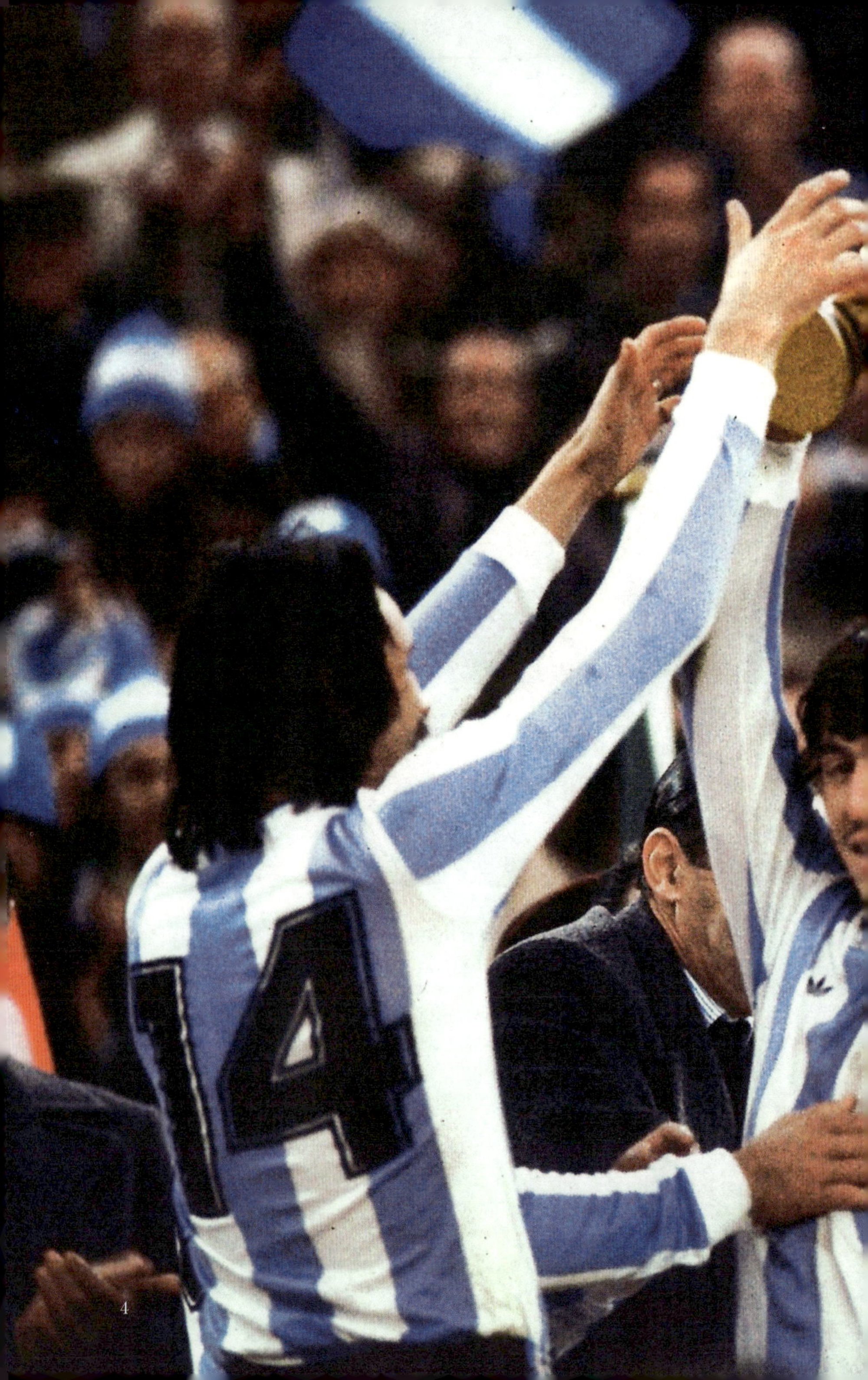
14

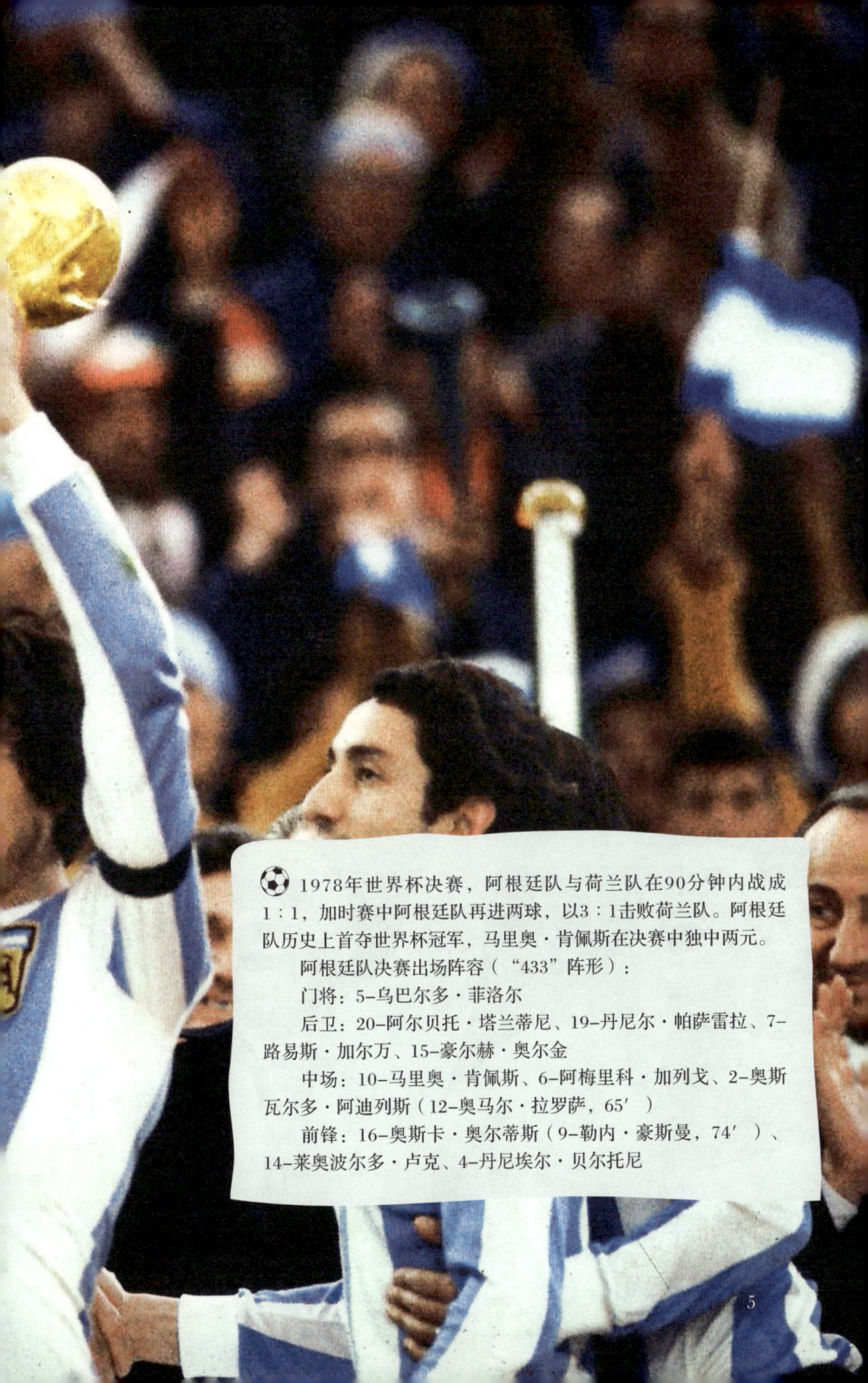

⚽ 1978年世界杯决赛,阿根廷队与荷兰队在90分钟内战成1:1,加时赛中阿根廷队再进两球,以3:1击败荷兰队。阿根廷队历史上首夺世界杯冠军,马里奥·肯佩斯在决赛中独中两元。

阿根廷队决赛出场阵容("433"阵形):

门将:5-乌巴尔多·菲洛尔

后卫:20-阿尔贝托·塔兰蒂尼、19-丹尼尔·帕萨雷拉、7-路易斯·加尔万、15-豪尔赫·奥尔金

中场:10-马里奥·肯佩斯、6-阿梅里科·加列戈、2-奥斯瓦尔多·阿迪列斯(12-奥马尔·拉罗萨,65′)

前锋:16-奥斯卡·奥尔蒂斯(9-勒内·豪斯曼,74′)、14-莱奥波尔多·卢克、4-丹尼埃尔·贝尔托尼

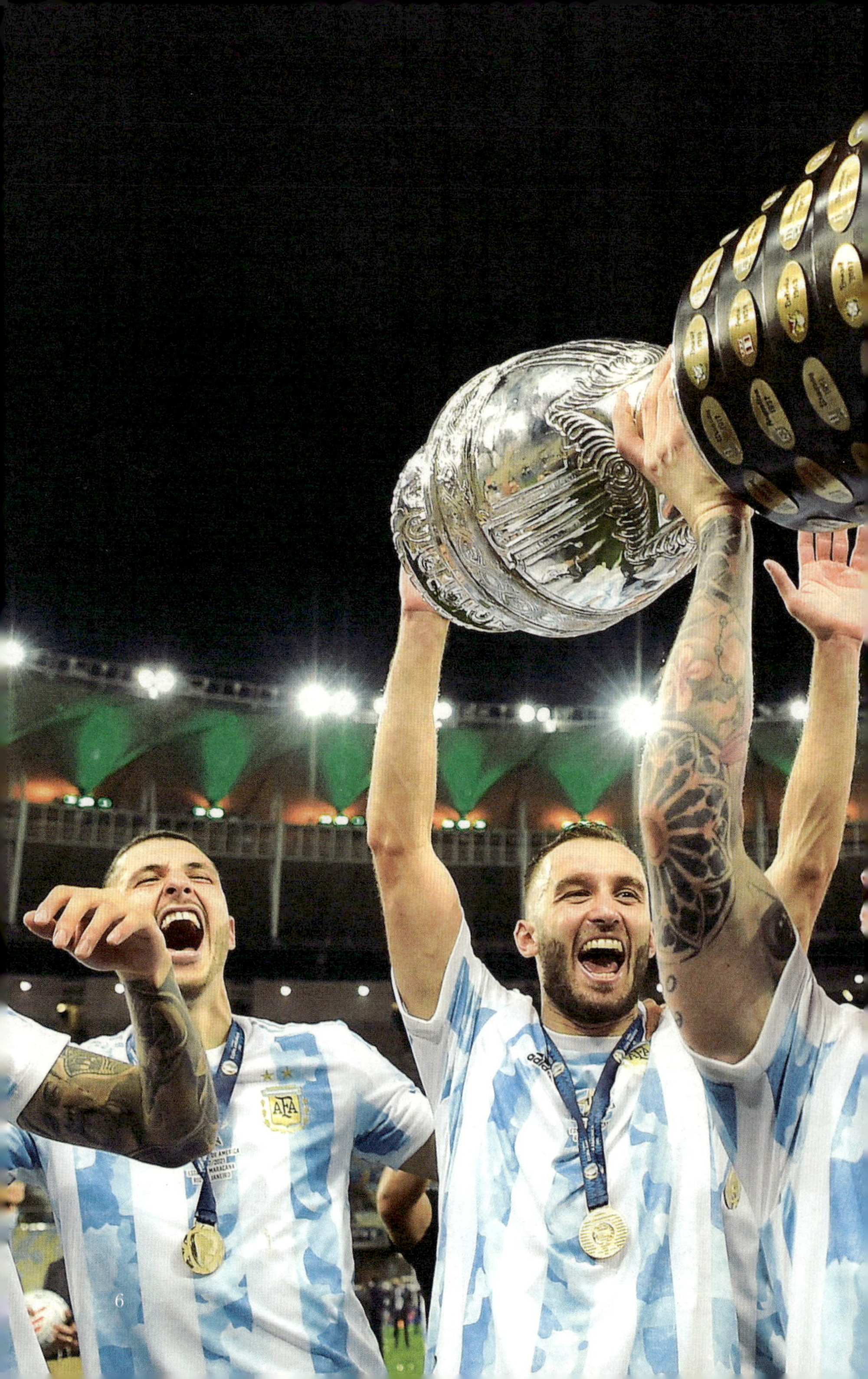

⚽ 2021年美洲杯决赛，阿根廷队1:0战胜巴西队，迪马利亚攻入全场唯一进球。这是梅西第一次夺得国际大赛（世界杯与美洲杯）冠军，也是阿根廷队第15次夺得美洲杯冠军。

阿根廷队决赛出场阵容（"442"阵形）：

门将：23-埃米利亚诺·马丁内斯

后卫：8-马科斯·阿库尼亚、19-尼古拉斯·奥塔门迪、13-克里斯蒂安·罗梅罗（6-赫尔曼·佩泽拉，79′）、4-贡萨洛·蒙铁尔

中场：20-吉奥瓦尼·洛塞尔索（3-尼古拉斯·塔利亚菲科，63′）、5-莱安德罗·帕雷德斯（18-吉多·罗德里格斯，54′）、7-罗德里戈·德保罗、11-安赫尔·迪马利亚（14-埃塞基耶尔·帕拉西奥斯，79′）

前锋：22-劳塔罗·马丁内斯（15-尼古拉斯·冈萨雷斯，79′）、10-利昂内尔·梅西

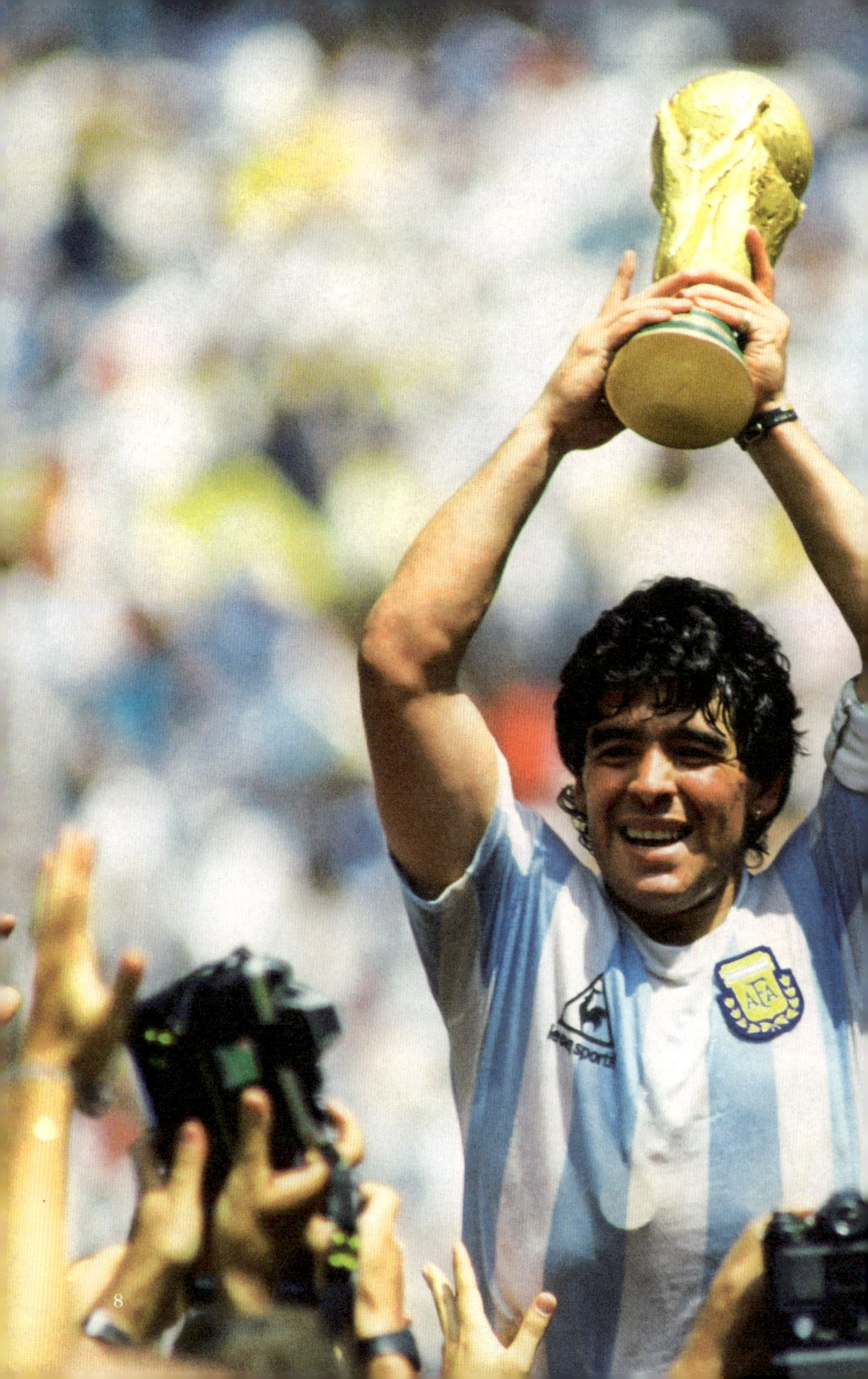
AFA

巨星榜

姓名：迭戈·马拉多纳

出生日期：1960年10月30日

主要球衣号码：10号

国家队数据：91场34球

"球王"的世界

究竟什么样的人能够称为"球王"？或许是一位在16岁就上演国家队首秀的球员；或许是一位在17岁就收获顶级联赛金靴奖的球员；或许是一位在单场比赛就被对手放倒数十次的球员；或许是在最困难的时候帮助队友的球员；或许是以一己之力帮助国家队拿下世界杯冠军的球员。

这个问题，当然随着不同的人、不同的看法有着不同的答案。但上述所有的描述，其实都在说着同一个人，这个人就是迭戈·马拉多纳。

在1977年的初春，当春风刚刚拂过阿根廷的大地，年仅16岁零120天的马拉多纳，已经在阿根廷足球甲级联赛（简称"阿甲"）的赛场上熠熠生辉。他的出色表现照亮了整个足球界，因此他受到了阿根廷队的青睐，完成了自己在国家队的首秀，同时也成为阿根廷队历史上最年轻的国脚。然而，这只是他辉煌篇章的序曲。在首秀之后的第二年，马拉多纳便以一次金靴奖证明了他在阿甲已经没有了能与他匹敌的对手。

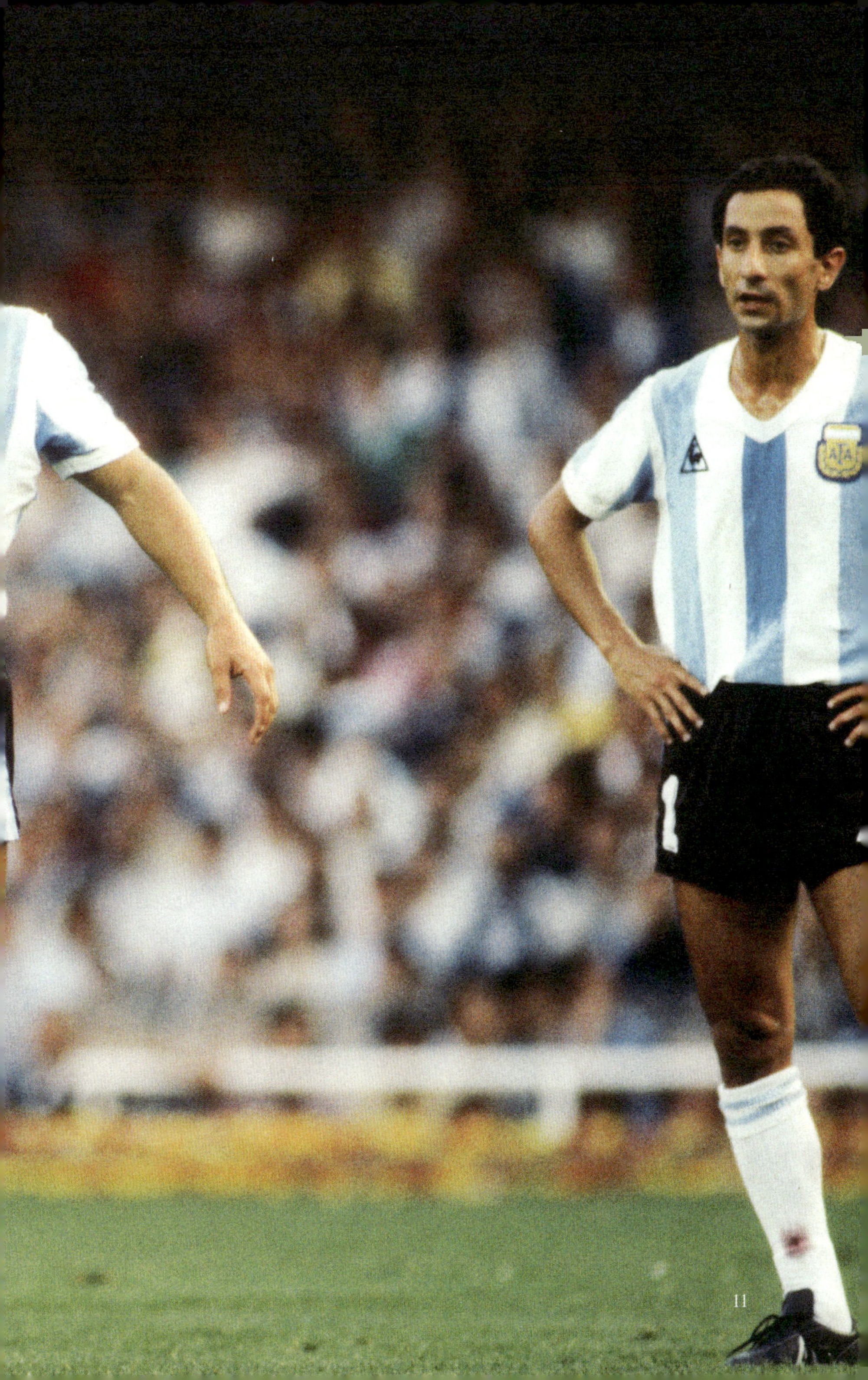

那个时候,阿根廷国内已经掀起了一股支持马拉多纳参加1978年世界杯的热潮。然而,时任阿根廷队主教练的路易斯·梅诺蒂却认为马拉多纳过于年轻,未能将后者列入大名单。这个决定让马拉多纳错过了与阿根廷队共同夺冠的荣耀时刻,但也让他在随后的四年中不断沉淀,更加成熟,为更大的挑战做好准备。

到了1982年世界杯,马拉多纳已经成为对手眼中的重点盯防对象。在对阵意大利队的比赛中,他创下了世界杯单场比赛被犯规次数最多的纪录——23次。虽然阿根廷队因此输掉了比赛,但这次经历让马拉多纳和阿根廷队对未来有了更清醒的认识。

终于,在1986年世界杯的舞台上,马拉多纳展现出了他真正的实力。他学会了在被对手盯防的情况下,巧妙地将球传给队

友，因此他一共送出5次助攻。到了关键时刻，马拉多纳总能挺身而出，无论是对阵意大利队还是英格兰队，他都能用进球为球队打开局面。在半决赛上，他更是连进两球，为阿根廷队的胜利立下了汗马功劳。

1986年世界杯决赛，马拉多纳已经如同天神下凡，无人能敌。即使对手派出多人来盯防他，也无法阻挡他的发挥。他送出的助攻，为阿根廷队赢得了最后的胜利。当他举起大力神杯的那一刻，"球王"的称号已经不足以形容他的伟大，那个称号甚至显得有些苍白无力。他就是马拉多纳，阿根廷足球的传奇，世界的"球王"。

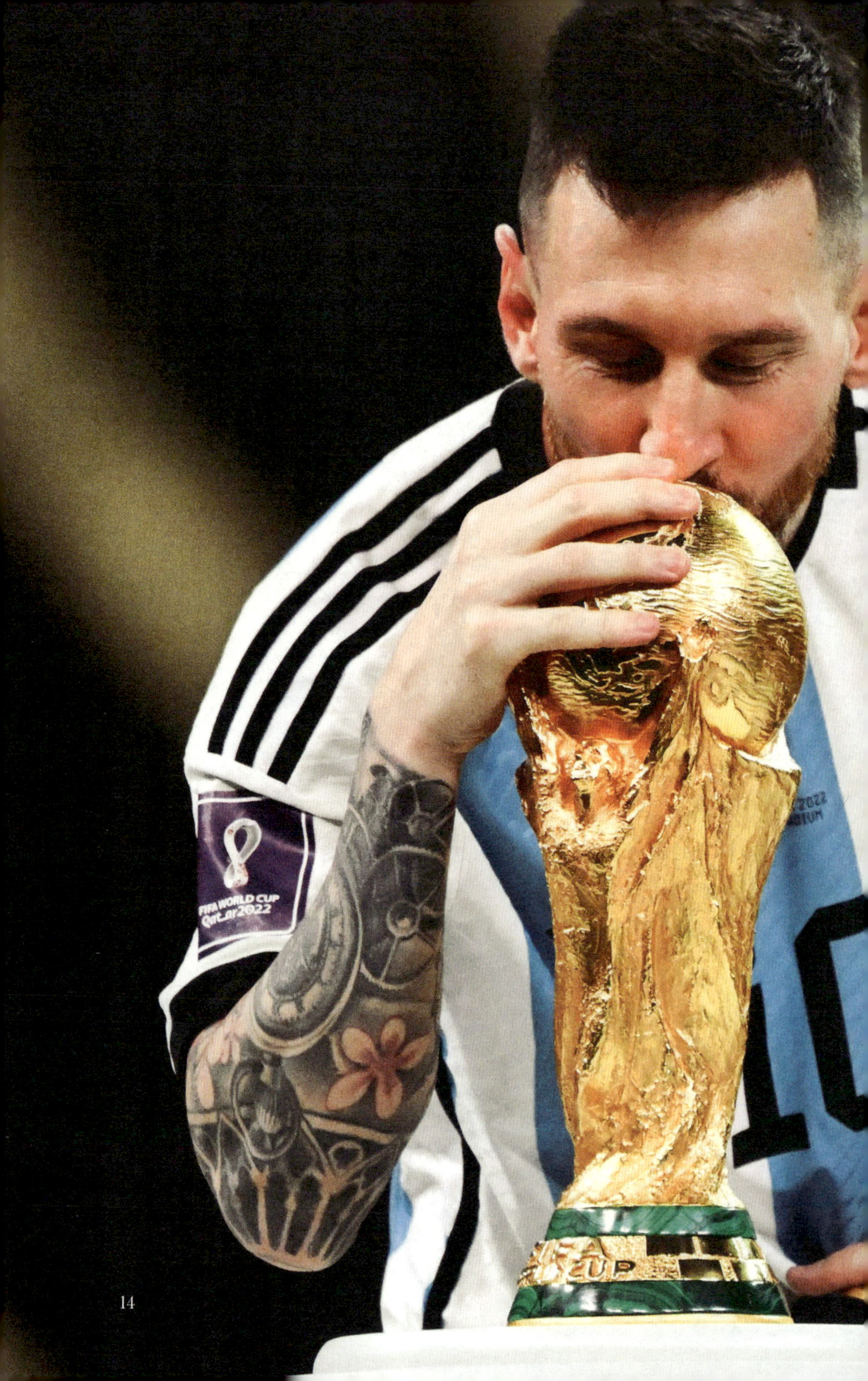
FIFA WORLD CUP
Qatar2022

姓名：利昂内尔·梅西

出生日期：1987年6月24日

主要球衣号码：19号、18号、10号

国家队数据：180场106球

个人荣誉：8次金球奖、8次世界足球先生
（2010—2015年，金球奖与世界足球先生合并为国际足联金球奖。）

王者梅西

在现代足球历史上,若是去选择毫无争议的"球王"人选,在2022年之前,只有马拉多纳和贝利两种选择。不过在2022年世界杯结束之后,"球王"的行列,又加上了一个伟大的名字——利昂内尔·梅西。

梅西,天才少年的横空出世,却伴随着生长激素缺乏症的病魔。当梅西战胜病魔之后,属于他的征程才刚刚开始。这份征程,注定是璀璨夺目、载入世界足球史册的。

梅西的辉煌,是从巴塞罗那队(简称"巴萨队")开始的,也是在这支球队达到顶峰的。在西班牙足球甲级联赛(简称"西甲"),梅西征服世界足坛,一次次不可思议的进球,一次次冠军奖杯的到来,一次次足坛最高荣誉的收割。梅西就这样被世人所熟知,虽然他现在身在美国踢球,但他依旧是全世界瞩目的焦点。

相比于俱乐部的辉煌,梅西的阿根廷队生涯,并不是一帆风顺。2005年,梅西助力阿根廷U20队问鼎国际足联世界青年足球锦标赛;同年,他也在阿根廷队完成了自己的首秀。2006

17

年世界杯，身为配角的梅西让世界见识到了他的才华横溢；2007年，梅西助力阿根廷队闯入美洲杯决赛；2008年，他更是帮助阿根廷国奥队赢得了奥运会男足金牌。一切都是那么顺理成章，梅西成为阿根廷队新的领军人物，成为不折不扣的马拉多纳接班人。

然而能力越大，责任就越大，背负的压力也就越大。2010年世界杯，梅西的表现是糟糕的；2014年世界杯决赛的折戟，更是让那时候的梅西充满了悲情的色彩；2018年世界杯，梅西的故事也不圆满。或许世界杯冠军此时对于梅西来说，有点遥不可及。然而命运捉弄人，此时的梅西甚至连美洲杯冠军都可望而不可即，连续折戟美洲杯决赛，甚至让他一度短暂退出了阿根

廷队。

　　但是梅西的故事，怎能就这样结束呢？2021年，梅西带领阿根廷队夺得了美洲杯冠军，他也卸下了肩头的重担。这是好的开始，接下来就是梅西在2022年世界杯的巅峰时刻了。阿根廷队首战爆冷输给沙特阿拉伯队，这只是吃蛋糕前的小插曲。一关关闯过，梅西终于笑了，却也哭了，他率领阿根廷队第三次获得世界杯冠军，他个人在7场比赛中打入7球并助攻3次。当他高举大力神杯的时候，新的"球王"也就此诞生。一一列举梅西的荣誉其实意义不大，即便是八次金球奖的荣光，相比梅西的足球之路，也有点黯淡。

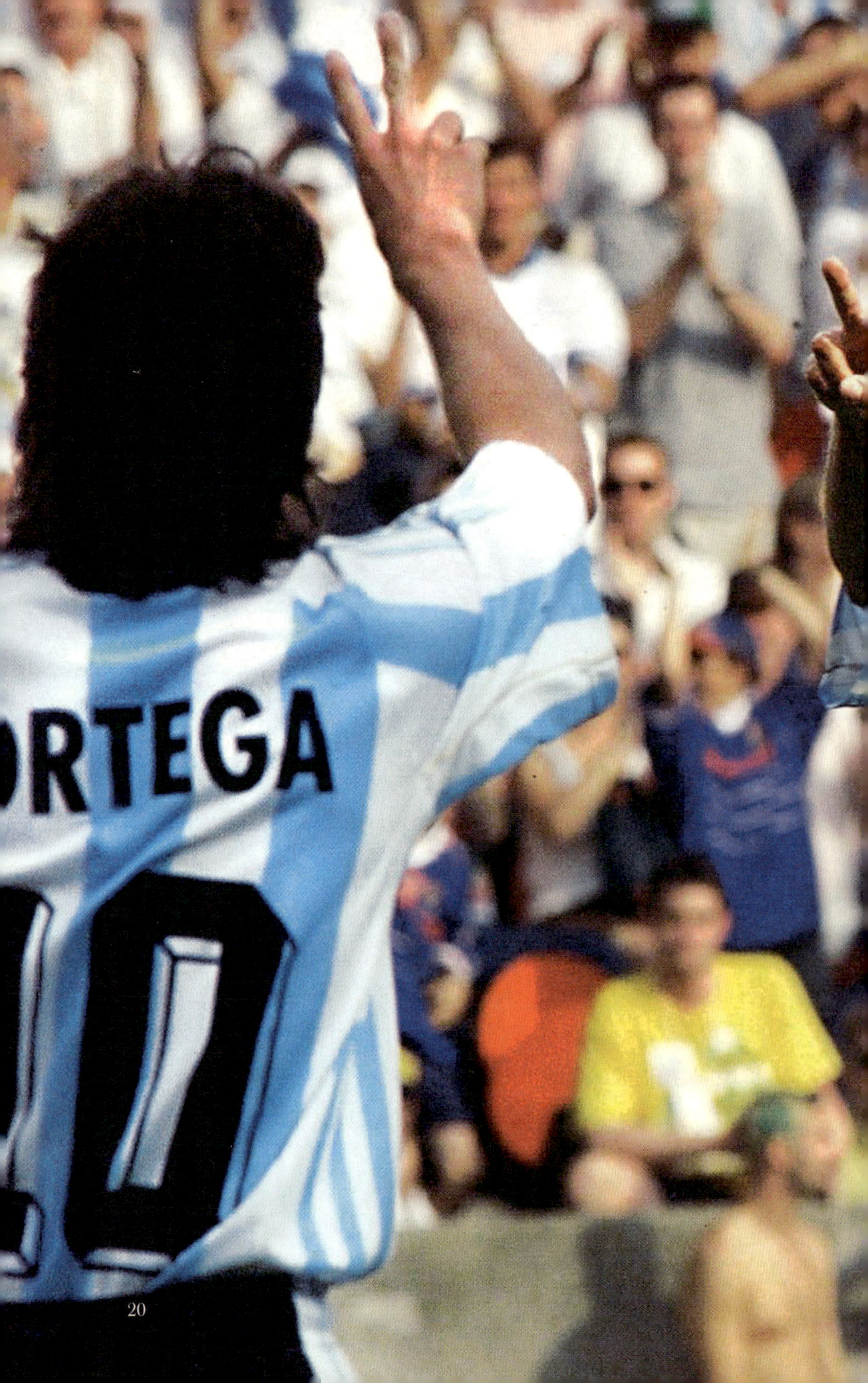
RTEGA

姓名：加夫列尔·巴蒂斯图塔

出生日期：1969年2月1日

主要球衣号码：9号

国家队数据：78场55球

"雄鹰战神"

他是潘帕斯草原上展翅的"雄鹰",无所不能;他是两届世界杯轰入9球、屡次缔造经典的"神锋",披荆斩棘;他是绿茵场上的"战神",拥有球迷无数;他进球后展示"机枪扫射"的庆祝动作,更是一道独特的风景线。他就是阿根廷队的一代"神锋"——加夫列尔·巴蒂斯图塔,球迷亲切地称呼他为"巴蒂"。

1991年,巴蒂凭借在阿甲中的卓越表现,收到了阿根廷队的征召。完成首秀短短十日后,他便踏上了1991年美洲杯的赛场。第一次亮相大赛舞台,巴蒂会怯场吗?答案是否定的。首场比赛,阿根廷队3:0战胜委内瑞拉队,巴蒂梅开二度。接下来的巴蒂疯狂表现,他共为阿根廷队出场6次,打进6球,帮助阿根廷队夺得1991年美洲杯冠军,并荣膺赛事最佳射手。

两年之后,1993年美洲杯,巴蒂再次亮相。在这一届的美洲杯决赛中,阿根廷队2:1战胜墨西哥队,巴蒂梅开二度,帮助球队成功卫冕。连续夺得美洲杯冠军的荣耀,让巴蒂在阿根廷的人气达到了顶点,此时他就是马拉多

23

纳的接班人。

1994年世界杯，巴蒂进一步绽放光芒。在首轮小组赛中，阿根廷队4∶0战胜希腊队，巴蒂完成世界杯处子秀，并上演帽子戏法。然而，受到马拉多纳禁赛的影响，阿根廷队遗憾地止步于1/8决赛。1998年世界杯，巴蒂继续自己的高光表现。对阵牙买加队，他再次上演帽子戏法，成为世界杯历史上唯一连续两届世界杯都上演帽子戏法的球员。那届世界杯，巴蒂出场5次，打进5球，仅次于克罗地亚队的达沃·苏克。不过，阿根廷队依然未能突破八强。

随着年龄的增长,巴蒂的巅峰期接近尾声。2002年世界杯是他冲击最高荣誉的最后机会。然而2002年的故事对于巴蒂来说是残酷的,阿根廷队遭遇历史性低谷,在小组赛便被淘汰出局。巴蒂完成了他在阿根廷队的最后一舞,出场78次,打入55球,巴蒂留下的是不朽的篇章。

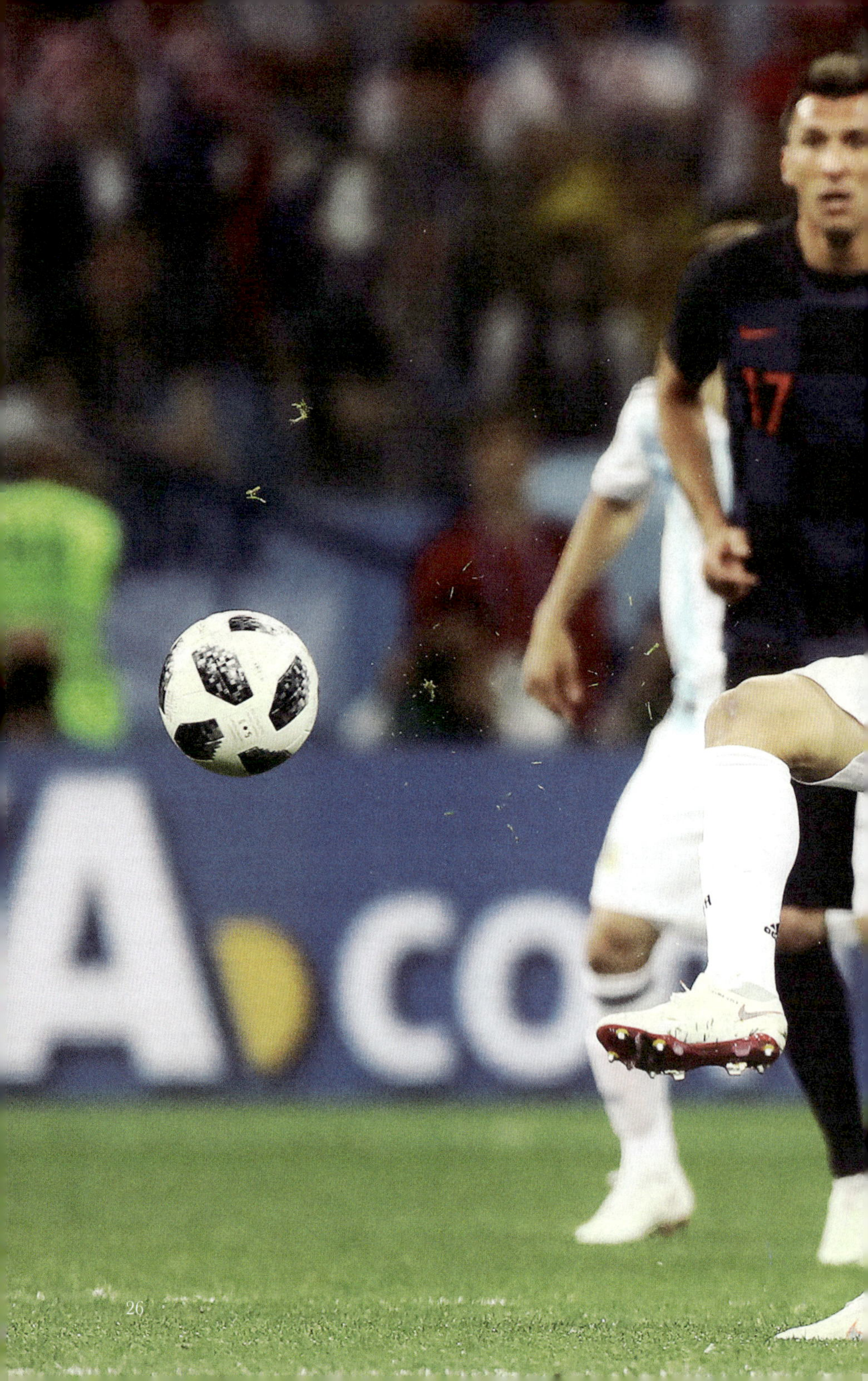

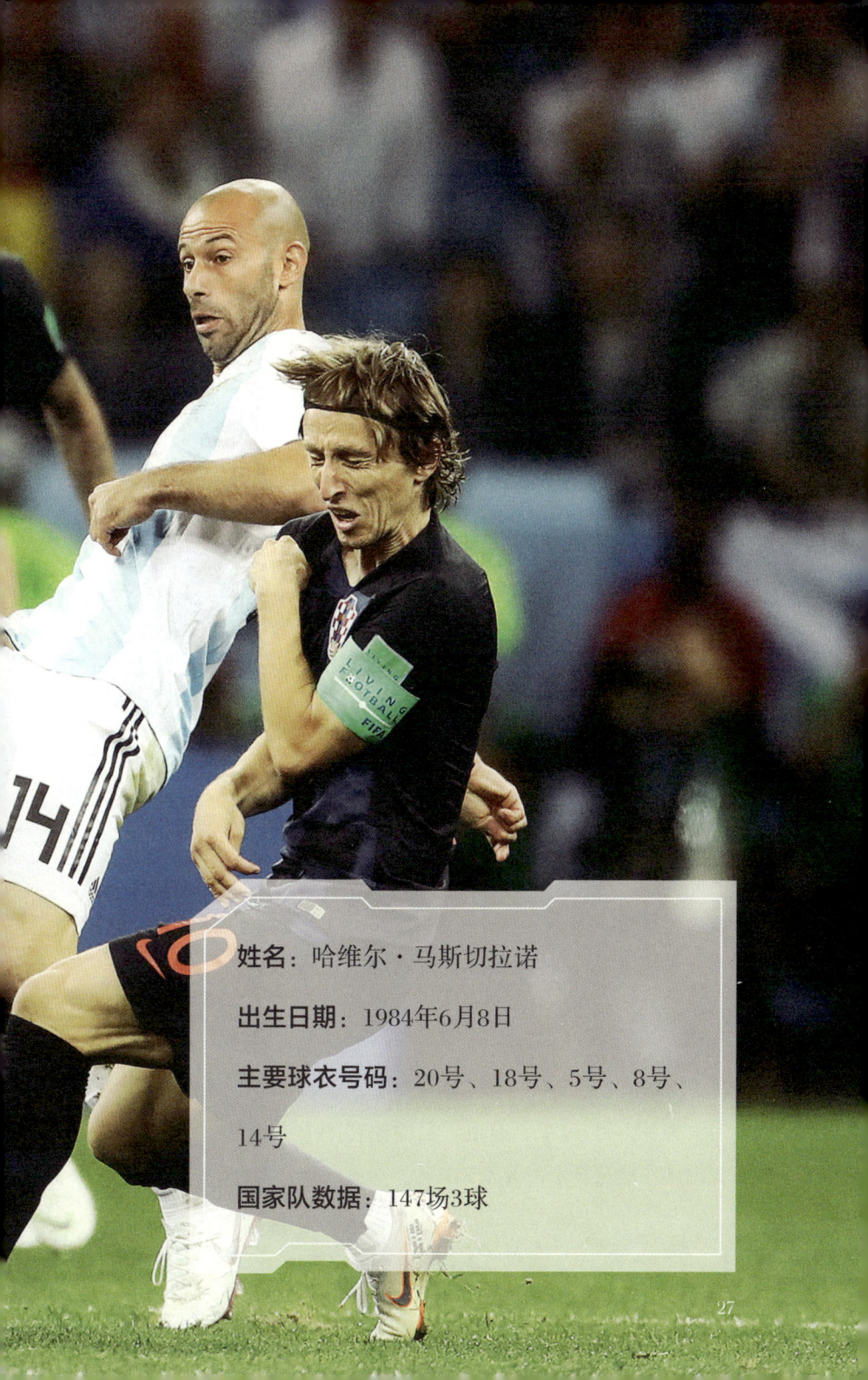

姓名：哈维尔·马斯切拉诺

出生日期：1984年6月8日

主要球衣号码：20号、18号、5号、8号、14号

国家队数据：147场3球

"小马哥"

翻开阿根廷足球的史册，前场巨星云集，后场的明星球员却寥寥无几。然而在21世纪，阿根廷队却拥有一名伟大的后场球员。他是阿根廷队的"定海神针"，是两届奥运会男足金牌得主，是梅西的老大哥。他就是"小马哥"——哈维尔·马斯切拉诺。

马斯切拉诺出道即巅峰，他代表阿根廷各级青年队征战大赛，斩获荣誉无数。2004年奥运会，他以适龄球员的身份获得男足金牌；2008年，他又以超龄球员的身份夺得了金牌。

在跟随阿根廷队征战大赛的历程中，马斯切拉诺兢兢业业，他有过胜利的喜悦，也有过伤心的泪水。2014年世界杯，马斯切拉诺与阿根廷队距离世界杯冠军只有咫尺之遥，但是马里奥·格策的一剑封喉，让马斯切拉诺与阿根廷队成为背景板。

整个职业生涯，马斯切拉诺代表阿根廷队出场147次。这是代表传奇的数字，毫无争议。俱乐部赛场，马斯切拉诺斩获荣誉无数，效力巴萨队的8年时光，他获得两次欧洲冠军联赛（简称"欧冠"）冠军。退役之后的他转型为教练，继续在绿茵场上发光发热。

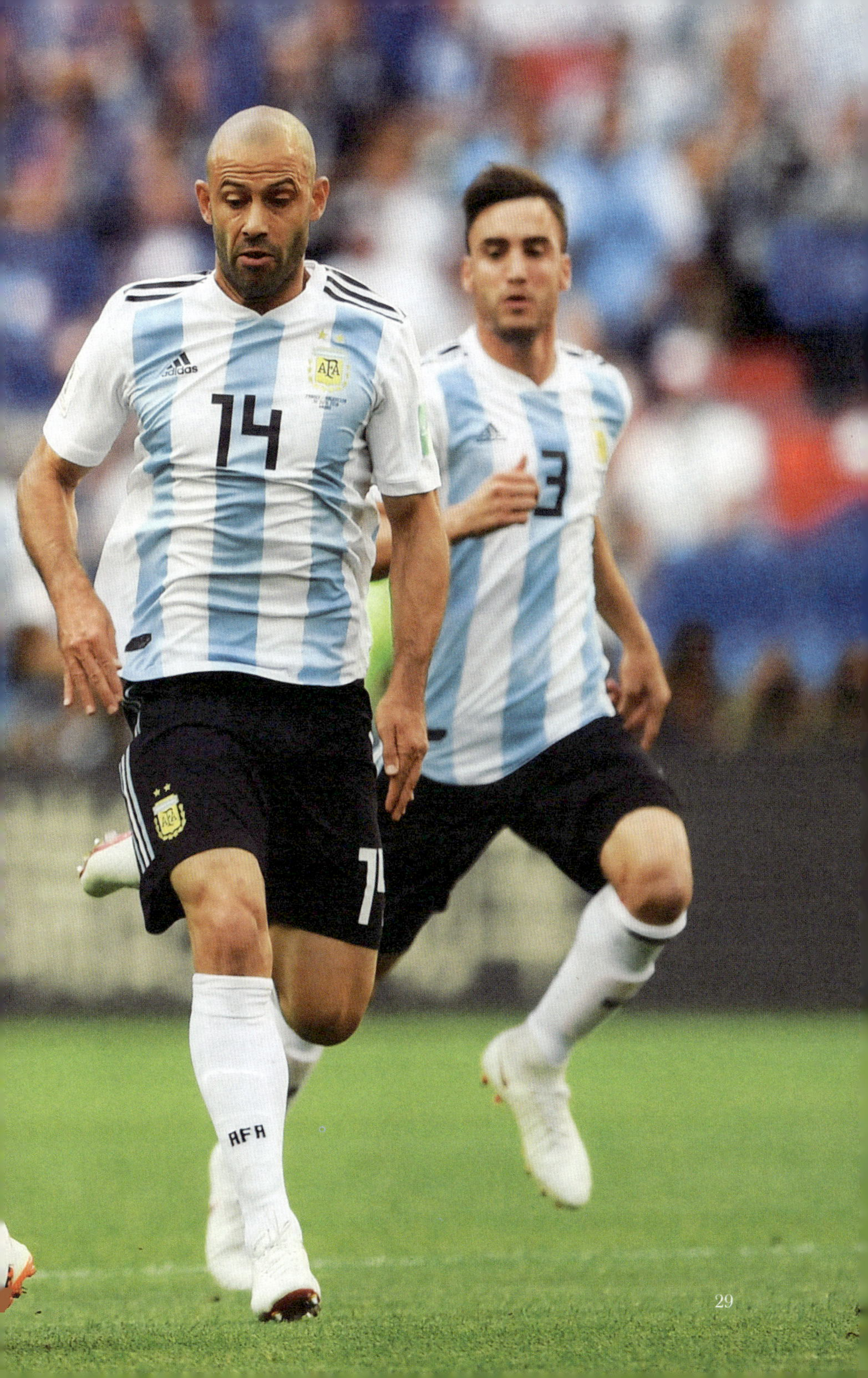
14
adidas
AFA
3
AFA

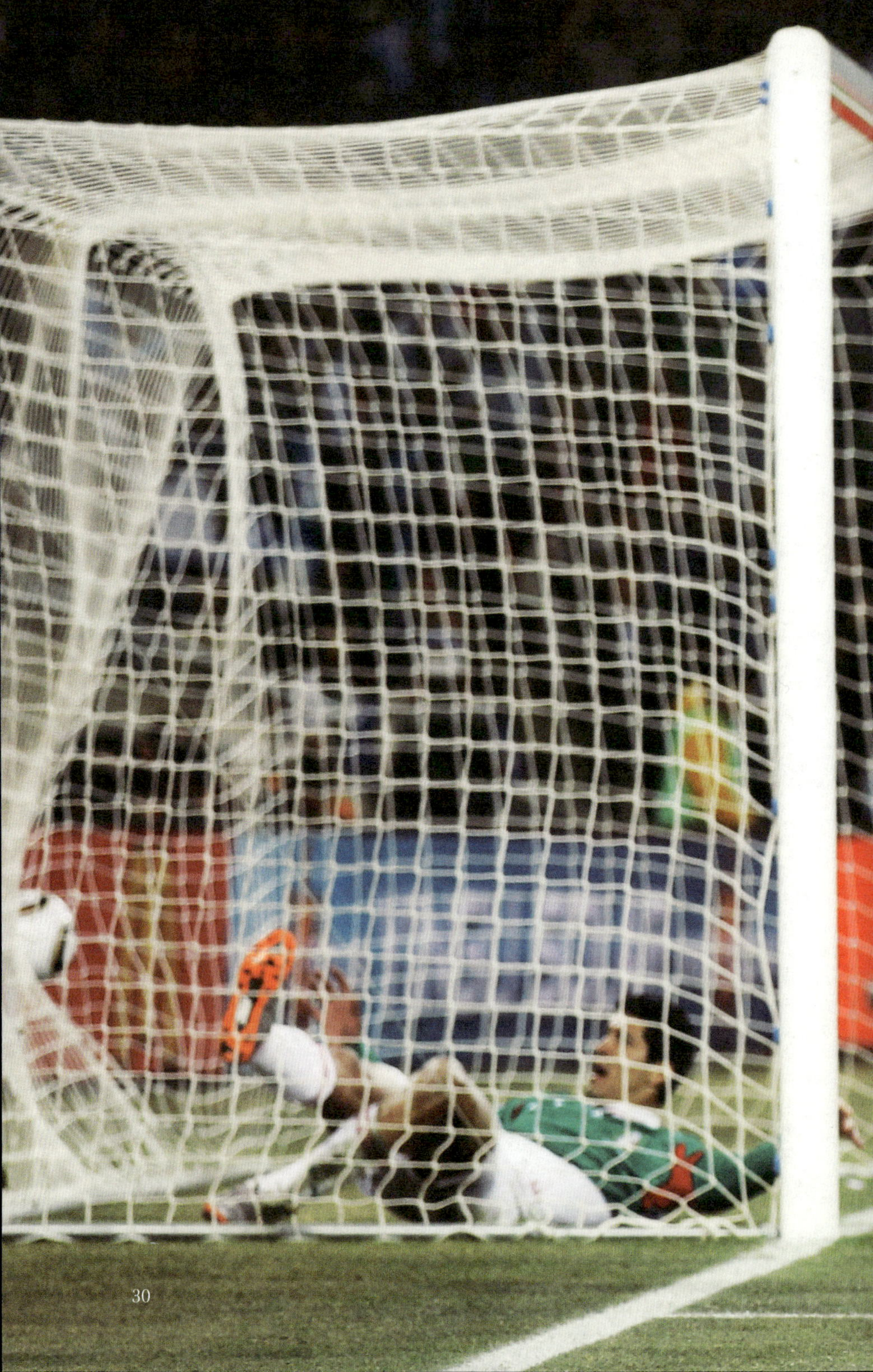

姓名：冈萨洛·伊瓜因

出生日期：1987年12月10日

主要球衣号码：9号

国家队数据：75场31球

"小烟枪"

他是阿根廷队锋线上的一把利刃,是梅西的黄金搭档;他在球场上总是如鬼魅般给对手致命一击。他就是冈萨洛·伊瓜因,阿根廷队的传奇射手。

伊瓜因出生在一个球员世家,他父亲的绰号是"烟枪",所以在伊瓜因成为职业球员之后,他便被称为"小烟枪"。虽然伊瓜因出生在法国,拥有为法国队效力的机会,但是伊瓜因最终还是选择了为阿根廷队效力。

烟,可以解忧愁。

2009年,伊瓜因被招入阿根廷队,在自己的首场比赛上就收获进球,这让阿根廷队庆幸于自己拥有了一位优秀的前锋。2010年世界杯,伊瓜因代表阿根廷队出战,在对阵韩国队的比赛中,伊瓜因头顶脚踢,上演了帽子戏法,这也是2010年世界杯上唯一的帽子戏法。

烟,可以添烦忧。

2014年世界杯,伊瓜因帮助阿根廷队晋级决赛。在决赛中,他错失了绝佳机会,成为其整个职业生涯最大的遗憾。如果伊瓜因的那次射门打进了,世界足坛的历史将会被重新书写。

整个职业生涯,伊瓜因代表阿根廷队出战75场比赛,打入31球,足以载入阿根廷足球的史册。

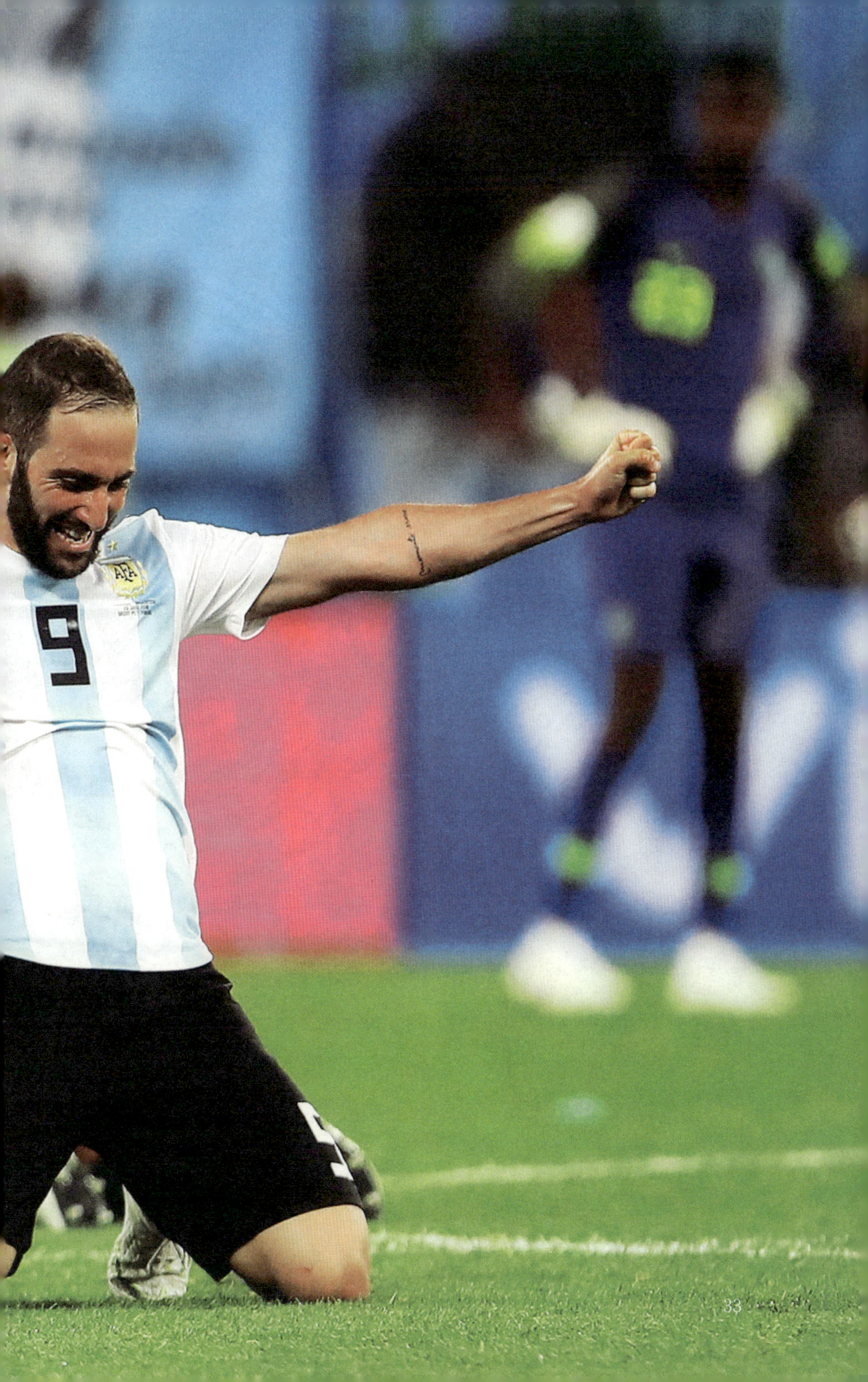

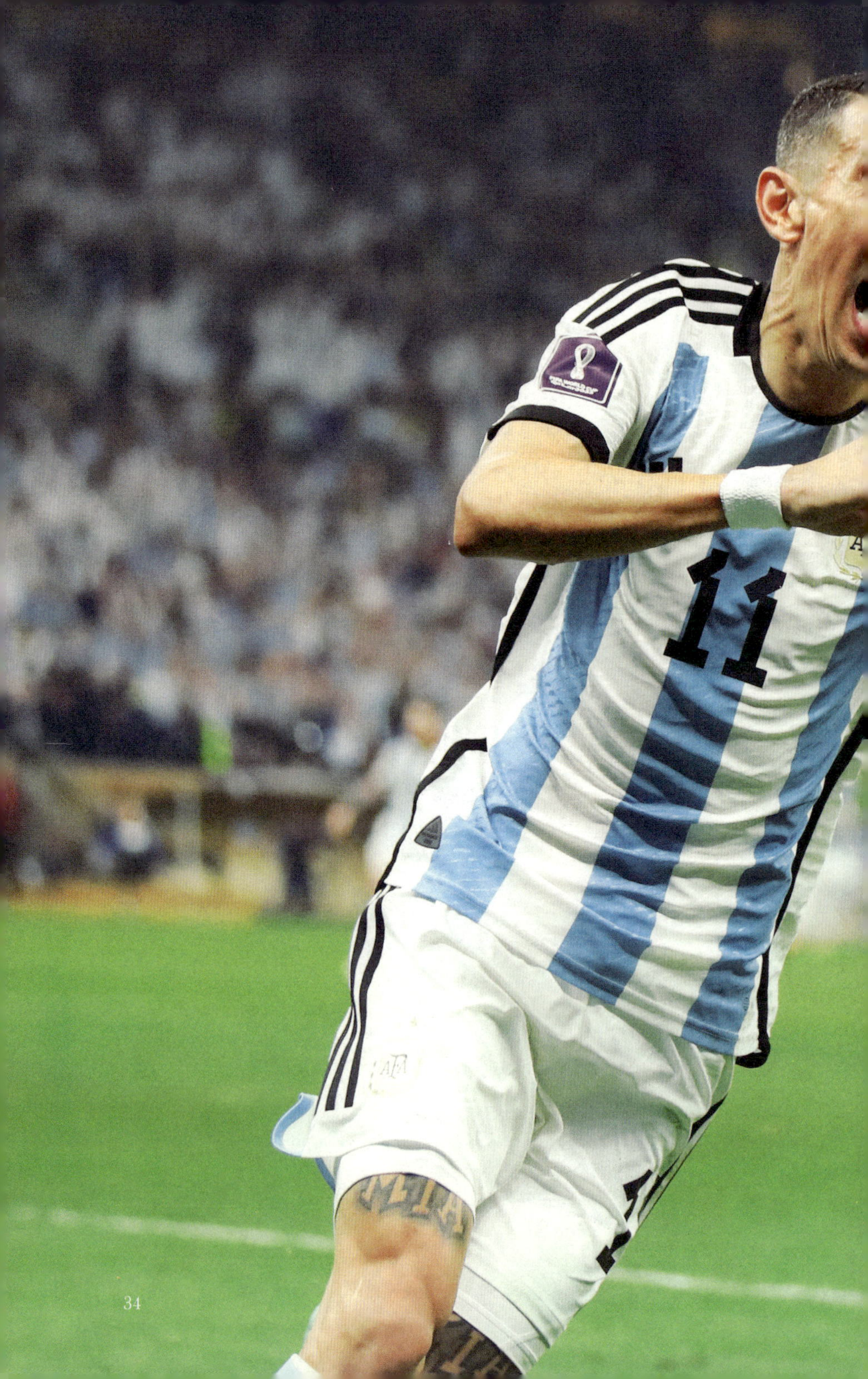

姓名：安赫尔·迪马利亚

出生日期：1988年2月14日

主要球衣号码：15号、10号、7号、11号

国家队数据：138场30球

"天使"

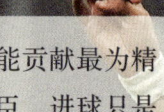

他是阿根廷队的大场面先生，每逢决赛，总能贡献最为精彩的画面；他是阿根廷队登顶世界之巅的绝对功臣，进球只是最直接的回报。他就是阿根廷队的"天使"——安赫尔·迪马利亚。

2008年奥运会男足决赛，迪马利亚漂亮的挑射，让球在天空中划出一道完美的弧线，也让阿根廷国奥队收获了金牌。从这一刻起，迪马利亚就成为阿根廷队在前场进攻中非常关键的一环，尤其是当他和梅西同时出场时，总能擦出最美丽的火花。

2014年世界杯决赛，迪马利亚因伤缺席；2015年和2016年美洲杯决赛，阿根廷队错失冠军。迪马利亚并未因此放弃对冠军的追逐，他终于等来了鲜花盛开。2021年美洲杯，一支全新的阿根廷队正式扬帆起航，迪马利亚在决赛当中一剑封喉，阿根廷队时隔28年再夺大赛冠军。

奇迹尚未结束。

2022年世界杯决赛，迪马利亚取得进球，成为历史上第一位在奥运会、洲际杯赛（美洲杯）和世界杯决赛都有进球的球员。阿根廷队夺得2022年世界杯冠军，迪马利亚犹如天使，一直在保佑着阿根廷队。

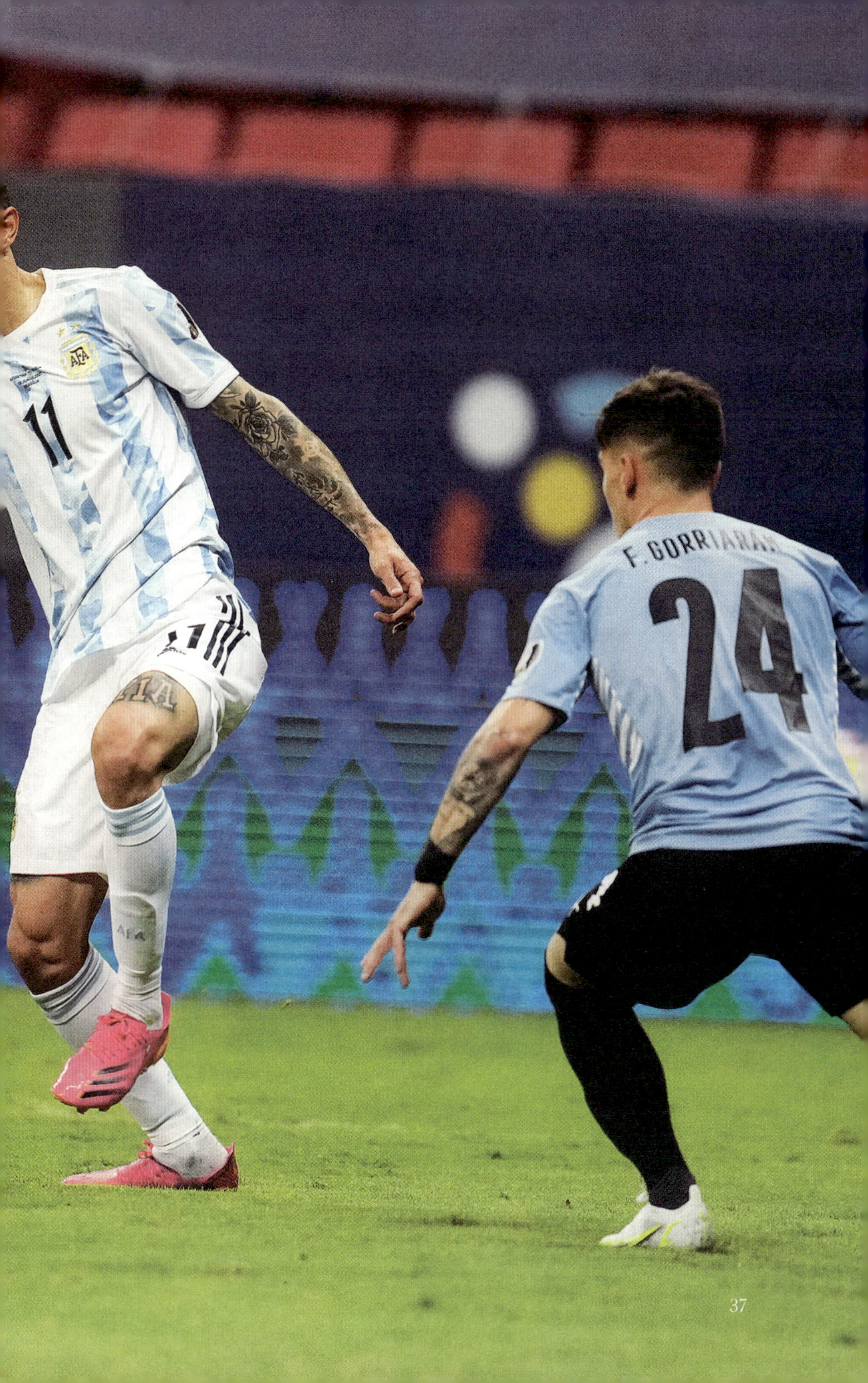
F. GORRIARAN
24

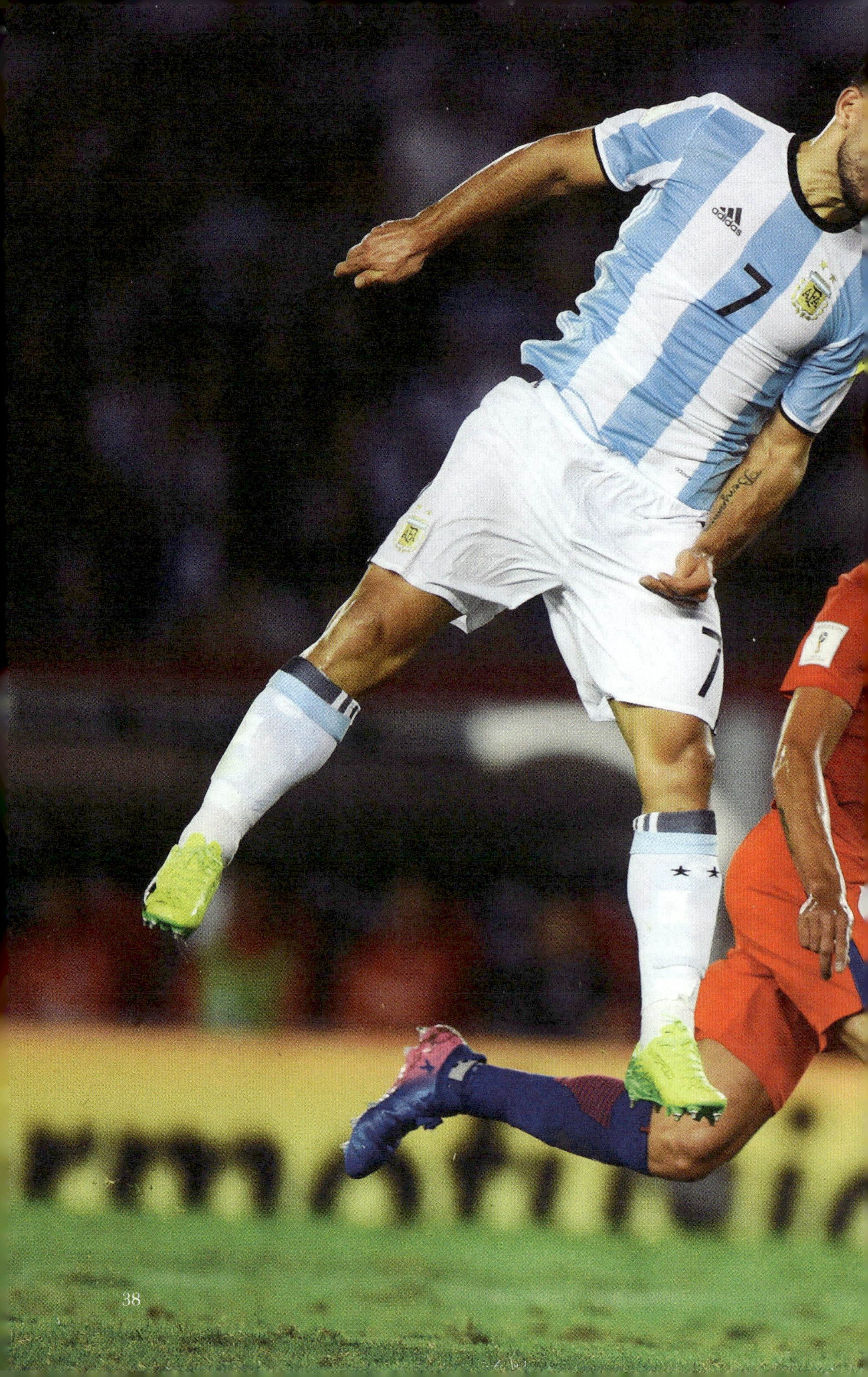
adidas

姓名：塞尔希奥·阿圭罗

出生日期：1988年6月2日

主要球衣号码：13号、16号、20号、11号、10号、7号、19号、9号

国家队数据：101场41球

神奇"大空翼"

他是阿根廷国奥队在2008年奥运会夺金的功臣,他是阿根廷队的顶级射手,他是上演惊世绝杀的曼彻斯特城队(简称"曼城队")传奇。他是塞尔希奥·阿圭罗,球迷心中的"大空翼"。

2008年奥运会男足半决赛,阿圭罗梅开二度,帮助阿根廷国奥队挺进决赛。最终,他和梅西一起戴上了"金镶玉",收获了国家队生涯分量最重的荣耀。

从横空出世被视作"新马拉多纳"的天才,到最终收获2021年美洲杯冠军,阿圭罗在国家队层面已然是倾其所有。101次代表阿根廷队出战,打入41球,阿圭罗是阿根廷队历史第三射手。若非伤病的不期而至,他很可能和队友一起分享世界杯冠军的荣耀。俱乐部生涯,阿圭罗书写了一段英雄般的故事。他初入曼城队之时,这支球队还不是横扫英伦的劲旅。阿圭罗用每个赛季两位数的进球扛起了全队,打入260球、送出73次助攻,他演绎了一段坚守的故事。那记诞生于93分20秒的绝杀球,更是缔造了英格兰足球超级联赛历史的惊世传奇。

故事的结局不全是完美的,国家队生涯无缘世界杯冠军,俱乐部征程独缺欧冠冠军,阿圭罗的职业生涯,还是留下了一些未尽的追求。但回首那些让人心潮澎湃的瞬间,倾其所有的阿圭罗,将自己的热血、斗志与不屈的意志,永远留在了绿茵场上,也留在了无数球迷的记忆之中。岁月虽已暮,传奇永不老。

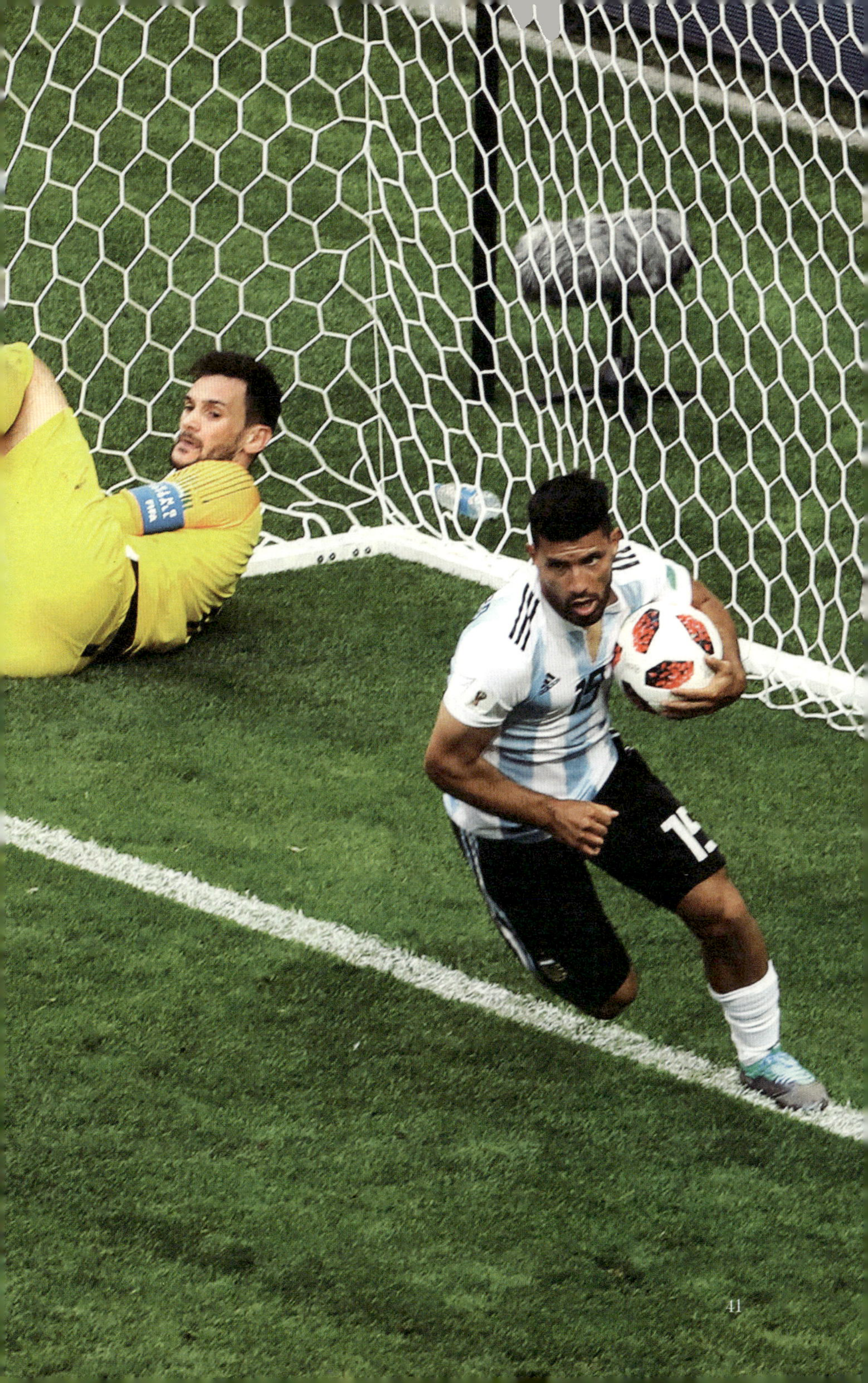

孤独大师

有人形容他是阿根廷队的天才少年,是10号球衣的传承人;有人说他球风优雅,是真正的中场核心;有人把他定义为古典前腰,游刃有余地给予对手致命一击。他就是罗曼·里克尔梅。

1997年,技术十分细腻的里克尔梅帮助阿根廷U20队在国际足联世界青年足球锦标赛夺得冠军,他自己出场7次,打进4球。凭借这样的优秀表现,里克尔梅得到了时任阿根廷队主教练丹尼尔·帕萨雷拉的赏识,于是里克尔梅在1997年11月便上演了阿根廷队的首秀。

因为过于年轻,里克尔梅没有获得参加1998年世界杯的机会。此后的4年,里克尔梅在博卡青年队收获了更多的经验,技术更是日臻成熟。但到了2002年世界杯,里克尔梅却还是没有入选阿根廷队的大名单。

时任阿根廷队主教练马塞洛·贝尔萨认为里克尔梅进攻节奏较慢,不符合他的战术要求,这让里克尔梅在最好的年纪没能出现在世界杯赛场上。2006年世界杯,里克尔梅终于为国出战,他在这届世界杯中出场5次,送出3次助攻,帮助阿根廷走到了八强,但无法再进一步。

这次失利,让里克尔梅有些灰心。但在2008年奥运会,里克尔梅以超龄球员的身份帮助阿根廷国奥队夺得男足金牌,圆了他的冠军梦想。不久后,里克尔梅便结束了自己的国家队生涯。纵使里克尔梅的阿根廷队生涯有着些许的遗憾,但他在10号位置上留下了无数的经典时刻,时至今日,这些镜头也是阿根廷队球迷怀念的美好瞬间。

姓名：罗曼·里克尔梅

出生日期：1978年6月24日

主要球衣号码：16号、22号、8号、7号、10号

国家队数据：51场17球

姓名：劳塔罗·马丁内斯

出生日期：1997年8月22日

主要球衣号码：22号

国家队数据：56场22球

让人又爱又恨的"神锋"

2022年夏天，作为美洲杯冠军的阿根廷队在第三届南美洲-欧洲冠军杯（简称"欧美杯"）上，以3∶0完胜欧洲杯冠军意大利队，夺得了这项带有友谊赛性质，但历史相当悠久的赛事的冠军。在这场比赛中，劳塔罗传射建功，成为阿根廷队取胜的最大功臣。在国际大赛中，劳塔罗的表现永远是让人"又爱又恨"，他可以浪费志在必得的机会，也可以成为一锤定音的英雄。他拥有极其突出的能力，但他的稳定性有时又一言难尽。当梅西彻底淡出国家队，劳塔罗需要扛起阿根廷队的大旗，这位"神锋"还需要拿出更让人放心的表现。

篇首语

潘帕斯草原上的雄鹰

"我看到了将继承我在阿根廷足球地位的球员,他的名字就是利昂内尔·梅西。"

2006年,当迭戈·马拉多纳再一次被问到关于他的继承人的问题时,马拉多纳给出了一个全新的答案,而当时马拉多纳口中的梅西,刚刚19岁。

自从马拉多纳退役之后,谁将成为马拉多纳在阿根廷足球领域的接班人,就是一个经久不衰的热门话题。

原因无他,1986年世界杯上的马拉多纳,已经无法用"球星"这两个字来简单概括。

在遥远的1986年,墨西哥世界杯的绿茵场上,马拉多纳,这位阿根廷队的灵魂人物,如同一位不屈的领袖,统领着整个更衣室。他是

阿根廷队

那片战场上无所不能的存在,无论面对何种困境,他总能化腐朽为神奇,解决一切难题。

当比赛哨声响起,马拉多纳便化身为场上的猛虎,势不可挡。他的每一次奔跑,每一次突破,都是阿根廷队攻城拔寨的希望。他的身影,成为阿根廷队进球的最大保障,让人们为之疯狂,为之喝彩。

而在球场之外,马拉多纳的个人魅力与领导能力更是无人能及。他带领着阿根廷队,不仅在绿茵场上征战四方,更在流行文化的浪潮中留下了浓墨重彩的一笔。在与英格兰队的那场经典对决中,马拉多纳用那记"上帝之手"和震撼人心的"世纪进球",展现了他独特的魅力和不屈的精神。这两次亦正亦邪的表演,仿佛为他披上了一件反抗强权、独立自强的精神外衣,使他成为无数人心中的英雄。

自那一刻起,阿根廷队的球迷便开始期盼着下一个能够带领他们走向辉煌的领袖。他们渴望找到一个球技出众、魅力四溢的球员,能够接过马拉多纳的衣钵,为阿根廷队带来更多的荣誉。

而在这份期盼中,加夫列尔·巴蒂斯图塔的名字逐渐出现在人们的视线中。他成为阿根廷队球迷的新寄托,虽然他的技术没有马拉多纳那般出神入化,但他在进球时的那种高效与决绝,同样让人为之倾倒。

每当他进球后,那标志性的"机枪扫射"庆祝动作,仿佛都在向人们展示着他那战士般的意志。虽然巴蒂斯图塔拼尽全力,但在1994年、1998年和2002年的世界杯上,他的进球却未能为阿根廷队带来好成绩。

虽然巴蒂斯图塔有着无尽的力气和热情,但他终究无法阻挡阿根廷队在马拉多纳退役后的下滑趋势。他证明了自己是一位出色的球员,但并非"马拉多纳接班人"。他只是巴蒂斯图塔,一个有着自己独特光芒的球员。

后来,阿根廷队的球迷找到了新的希望之光——罗曼·里克尔梅。

与那位以进球为使命的巴蒂斯图塔不同,里克尔梅是足球场上的灵魂指挥官。他身处中场,串联起球队的攻防转换,那份从容与掌控,让球迷看到了马拉多纳的影子。于是,他也接过了阿根廷队那象征着传奇的10号球衣,承载起了无数人的期待。

记得2002年的那次遗憾,里克尔梅因未得主教练青睐,错失了那一届世界杯的舞台。这仿佛是历史的一个小小玩笑,与马拉多纳因年龄太小而错过1982世界杯的情节如出一辙。因此,当2006年世界杯来临之际,阿根廷队的球迷怀揣着满腔热情,期盼着这位球风细腻的中场大师能为他们带来一场视觉与心灵的盛宴。

然而,命运似乎总在捉弄人。虽然里克尔梅拼尽全力,但他终究

阿根廷队

未能带领阿根廷队重铸辉煌。于是，球迷的目光又转向了另一位天才——梅西。

从足球技艺的角度来看，梅西与马拉多纳有着惊人的相似之处。他们都有着矮小的身材，都是左脚将，都拥有着令人叹为观止的技术。从梅西出道之日起，他便被视为马拉多纳的接班人，这一点甚至连马拉多纳本人都亲口确认，这无疑更加激发了球迷的期待。

但细究起来，梅西与马拉多纳之间又有着诸多不同。马拉多纳虽身材矮小，但他的发育并无任何问题；他的技术虽然精湛，但那是建立在20世纪80年代那个犯规动作极为频繁的时代背景之下。更为重要的是，马拉多纳作为球队的领袖，他从不掩饰自己的情绪，尤其是愤怒，这种直率的性格让他在球场上更具威慑力。

因此，当梅西带领阿根廷队三次闯入美洲杯决赛，一次闯入世界杯决赛，却始终未能为球队带来一座冠军奖杯时，这位最像马拉多纳的球员承受了前所未有的压力。他的每一次出场，都承载着无数人的期待与希望；他的每一次失误，都仿佛被放大了无数倍。但无论如何，梅西都用自己的努力和汗水，书写着属于自己的传奇。

如果超脱于竞技的硝烟，其实阿根廷队始终以其独特的魅力吸引着无数球迷的目光。

冠军的宝座固然诱人，但并非衡量球员价值的唯一标准。在阿根廷足球的辉煌历史中，马拉多纳无疑是最耀眼的那颗星，然而，他的身后同样星光璀璨——巴蒂斯图塔的霸气进球、里克尔梅的细腻指挥、艾马尔的灵动传球、特维斯的乖张性格，他们都以各自的方式，为阿根廷足球留下了浓墨重彩的一笔。

虽然从荣誉的角度看，这些球员或许无法与马拉多纳比肩，但正是他们的存在，使得阿根廷队成为一支始终备受瞩目、热议不断的球队。他们的才华与激情，让球迷为之疯狂，为之倾倒。这也是为何尽管阿根廷队在冠军之路上历经坎坷，也依然能够赢得无数人的喜爱与尊重的原因。

然而，足球终究是一场关于结果的竞技。

2022年，就在外界已经不再看好不再年轻的梅西、略显平庸的阿根廷队的时候，阿根廷队球迷终于等到了全新的领袖。

收获2021年的美洲杯冠军之后，梅西不再被历史所累，不再被负面言论所困扰，也不再将所有的重担都放在自己的肩头。在这种情况下，松弛的梅西打出了他在国家队赛场的最佳表现，甚至难得展现了自己作为阿根廷球员的浓烈情绪。

这是阿根廷队球迷最希望看到的样子。

2022年世界杯，阿根廷队一路向前，无所顾虑，最终的结果也如他们所愿。

阿根廷队

从马拉多纳到梅西,这是一条清晰的发展轨迹。

不管两人以什么样的风格、用什么样的办法为阿根廷队带来成功,"在璀璨的群星之外,阿根廷足球需要领军人物"的这一观点,随着梅西和阿根廷队的成功,再次得到了强化。

阿根廷队永远不会变成西班牙队、德国队那样用集体的力量来解决问题的球队。从马拉多纳到梅西,都证明了阿根廷队需要某个人为集体承担更多的责任,虽然这意味着成也个人、败也个人,但阿根廷足球就是如此。

很显然,现在到了由梅西来观察谁是他的接班人的时候了。性格内敛的梅西注定不会像马拉多纳那样快人快语,以免给后辈增添更多不必要的压力。

没有人比梅西更清楚,这份压力有多么沉重,也没有人比梅西更清楚,当压力被卸下的时候,阿根廷人有多么快乐。

第一章
来自历史的积淀

> 阿根廷是南美大陆上最早开展足球运动的国家,阿根廷足协也是美洲大陆上历史最悠久的足球管理机构,然而在前50年的领先过后,阿根廷队在后50年里一直处于平庸状态。
>
> ——引语

阿根廷队

◆ 开始与足球的缘分

1882年,一位叫作亚历山大·沃森·赫顿的苏格兰人,抵达了阿根廷首都布宜诺斯艾利斯的港口。

在19世纪末,英国人来南美洲寻求更好的生活是一件不算平常,但也不让人感到奇怪的事情,每个英国人来到南美洲都有自己的原因。赫顿就是其中之一。

赫顿出生于苏格兰的格拉斯哥市,毕业于爱丁堡大学。19世纪末,赫顿不幸染上了肺结核,但万幸的是,赫顿没有因此丧命。然而痊愈之后,赫顿发现英国潮湿的天气不再适宜其继续生活下去,就想移民到一个阳光明媚、暖风和煦的国家。遍寻之下,阿根廷成为赫顿的选择。

来到布宜诺斯艾利斯之后,赫顿担任了圣安德鲁斯学校的校长。

这所中学主要面向居住在阿根廷的英国家庭。1884年,赫顿创办了自己的英语学校,为那里日益壮大的英国人群体服务。而在学校里,就像同时期的英国学校一样,足球是赫顿的学生们在课余生活中的游戏项目。

这并不是足球这项运动第一次在阿根廷出现。早在19世纪60年代,来往于阿根廷和英国的工人就在阿根廷创办了足球俱乐部,只不过当时的足球规则还未统一,俱乐部也只有寥寥几家。

足球运动真正系统性地在阿根廷传播开来,就是从赫顿的学校开始的。

1891年,赫顿创立了不列颠群岛以外的第一个足球联赛——阿根廷足球联赛,参与赛事的5支球队,都是当地的英语中学校队,但这项赛事只进行了一个赛季便宣告终止。

赫顿不甘心于这个校际竞赛就这么草草结束,于是在1893年2月21日,赫顿与另外6支球队的代表共同创立了阿根廷足球协会联赛,也就是今日的阿根廷足球协会(简称"阿根廷足协")的前身。

除了在英语学校之间传播,足球也跳出了学校的围墙,成为那些无法进入贵族学校的穷人家庭孩子的玩具。

从此,足球成为全阿根廷年轻人追捧的游戏。

对于以培养公平竞争和团结协作精神的足球而言,相较于在有场地条件和规则限制的学校传播,学校外的足球则开始野蛮生长。

这种足球通常比较粗暴而且缺乏规范,最重要的是,赢得比赛比公平竞争更重要,而且个人能力重于团队合作。

阿根廷队

随着足球在全社会的流行，阿根廷足协将自己的管辖范围扩大，不再拘泥于学校的球队，而是成为实际意义上的国家足协。

于是在1901年5月16日，由阿根廷足协选拔出来的阿根廷队在对阵乌拉圭队的比赛中正式诞生，不过这场比赛并不被国际足联视为正式比赛，因为乌拉圭队并不是由乌拉圭足球协会组织的，而是由乌拉圭的阿尔比恩队组织的。这支乌拉圭队有9名球员来自上述球队，其余球员则来自另一支球队——国民队。

这场比赛，以阿根廷队取得3∶2的胜利而告终。

到了1902年7月20日，阿根廷队在同一场地再次对阵乌拉圭队，这场比赛被认为是阿根廷队的第一场正式比赛。

这场比赛，阿根廷队的优势更为明显，最终以6∶0战胜了乌拉圭队。

受益于足球在阿根廷发展较早，在南美大陆，阿根廷队在20世纪初期有着很大的优势。虽然在成立的最初几年，阿根廷队只参加友谊赛，但阿根廷队的优势依然非常明显。

比如在阿根廷队和乌拉圭队固定参加的利普顿杯上，阿根廷队获得了自1906年到1909年的冠军；在阿根廷队和乌拉圭队同样固定参加的牛顿杯上，阿根廷队则获得了自1906年到1911年的冠军。

虽然参加了友谊赛，但阿根廷队在最初几年的时间里只对阵过南

第一章　来自历史的积淀

美球队,没有和欧洲球队交手过,其中的原因不尽相同,有时是因为路途遥远,还有则是因为第一次世界大战。

而在南美洲,乌拉圭队和巴西队也有着类似的顾虑,于是在1916年,阿根廷队、乌拉圭队、巴西队和智利队齐聚阿根廷,举办了第一届南美足球锦标赛(美洲杯的前身,后文统一称为"美洲杯"),以此纪念阿根廷独立100周年。

不过在这届美洲杯上,阿根廷队没能展现其强势地位。在以小组赛形式开展的比赛里,阿根廷队虽然以6:1战胜了智利队,但与巴西队和乌拉圭队战平,最终以1胜2平的战绩屈居第二名。

随后的1917年、1919年和1920年美洲杯,阿根廷队都未能夺冠。直至1921年,阿根廷队分别战胜了巴西队、巴拉圭队和乌拉圭队,才以三战全胜的战绩获得了阿根廷队历史上第一座美洲杯冠军奖杯。

在1925年和1927年夺得两届美洲杯冠军之后,阿根廷队终于决定走向更遥远的赛场。

1928年阿姆斯特丹奥林匹克运动会,阿根廷队宣布参加,与其一同参加的南美球队还有乌拉圭队。这两支南美球队的加入,让这届奥运会的足球赛事变成了"南美内战"。

通往决赛的路上,阿根廷队一路大胜,先是以11:2的大比分横扫美国队,紧接着以6:3战胜比利时队,随后在半决赛又以6:0战胜了埃

阿根廷队

及队,晋级决赛。

决赛场上,阿根廷队的对手是其无比熟悉的乌拉圭队。

两支球队的决赛在120分钟结束时打成了比分为1∶1的平局,无奈之下,在三天之后,两支球队再战一场。这场比赛中,阿根廷队以1∶2输给了乌拉圭队,从而获得了这届奥运会足球赛事的银牌。

◆ 让世界熟悉阿根廷队

1929年,回到南美洲的阿根廷队再次夺得美洲杯冠军之后,迎来了一项全新的赛事——世界杯。

1930年,第一届世界杯在乌拉圭举办,阿根廷队是参赛的13支球队之一。小组赛阶段,阿根廷队展现了自己的强大实力——相继战胜法国队、墨西哥队和智利队,以小组第一的名次顺利晋级四强。

半决赛上,阿根廷队以6∶1毫无悬念地进军决赛,在那里等着阿根廷队的还是乌拉圭队。和在1928年的奥运会上一样,比赛进行得非常激烈,但这次乌拉圭队明显处于优势地位,最终阿根廷队以2∶4输给了乌拉圭队,成为第一届世界杯的亚军。

1930年世界杯,不少欧洲国家因为经济危机或路程遥远而拒绝

第一章 来自历史的积淀

参赛,但到了1934年的意大利世界杯,阿根廷没有类似的烦恼,所以阿根廷队参加了预选赛,在智利队退出的情况下踏上了前往意大利的征程。

在这届世界杯上,阿根廷队表现不佳。

阿根廷队在第一轮遭遇瑞典队,率先进球的阿根廷队没能把优势转化为胜利,而是遭遇了一场比分为2∶3的失败,第一轮结束之后便打道回府。

很显然,阿根廷队在1928年奥运会上的领先地位,到了1934年已经所剩无几,但阿根廷队并未选择通过参赛来找回自己的地位。1938年,法国举办第三届世界杯,对于国际足联再次将世界杯放在欧洲举办,阿根廷相当不满,所以阿根廷队拒绝参加比赛。这届世界杯也是第二次世界大战前的最后一届世界杯。

等到世界重归和平,时间已经来到了1950年,这届世界杯由巴西举办,但在预选赛期间,阿根廷足协与巴西足协发生纠纷,阿根廷队再次退出比赛。到了1954年瑞士世界杯,阿根廷队继续拒绝参赛,这已经是阿根廷队连续三次拒绝参加世界杯。

虽然阿根廷队持续拒绝参加世界杯,但阿根廷队在1937年、1941年、1945年、1946年、1947年、1955年和1957年的美洲杯上都获得了冠军。自1939年起,近20年间里,阿根廷队的教练都是同一人——吉

阿根廷队

列尔莫·斯塔比莱。

1957年阿根廷队夺得美洲杯冠军时的表现，可能是那些年最让阿根廷队球迷印象深刻的，因为阿根廷队在夺冠之余，在场上也展现出了技术精湛的特点。

可惜的是，其中一些球员并没有出现在第二年更大的舞台上。

1958年，阿根廷队终于回到了世界杯赛场，但超过20年的交流隔绝，让阿根廷队在对阵欧洲球队时严重缺乏经验。预选赛阶段，阿根廷队表现出色，在对阵同组的玻利维亚队和智利队时，取得了3胜1负的战绩，以小组第一名的身份晋级正赛。

但到了正赛阶段，阿根廷队在小组赛的第一场就以1:3输给了联邦德国队。在第二场比赛中以3:1战胜北爱尔兰队之后，阿根廷队看到了小组出线的希望，但在第三场比赛中，阿根廷队以1:6惨败于捷克斯洛伐克队。

◆ 这是一次惨痛的失败

在阿根廷队的足球历史上，这场失利被称为"瑞典灾难"。

随着阿根廷媒体的报道传回了阿根廷国内，1:6的结果引发了阿根廷队球迷冲天的愤怒。当球队抵达布宜诺斯艾利斯的时候,在埃塞萨皮斯塔里尼部长国际机场,超过一万名民众辱骂球员和教练,甚至还有人向他们投掷硬币。

回到阿根廷国内后,带领阿根廷队获得六次美洲杯冠军的功勋教练斯塔比莱辞去了教练职务。这次失败也让阿根廷队看到了自己和欧洲球队之间的差距。

1959年,接替斯塔比莱的是由维多利奥·斯皮内托、何塞·德拉托雷和何塞·巴雷罗组成的三人教练组。这个三人教练组带领阿根廷队获得了1959年美洲杯冠军,但这将是阿根廷队在未来30余年中的最后一座美洲杯冠军奖杯。

在之后的时间里,阿根廷队的输球比赢球更令人印象深刻。1959年,阿根廷队以0∶5被乌拉圭队横扫。1960年,阿根廷队三次输给巴西队。1961年,阿根廷队前往欧洲进行友谊赛之旅,20天的时间里,阿根廷队仅仅获得了1胜2平2负的战绩。

在这样的情况下,阿根廷队在1962年世界杯上的成绩也不会多好。

预选赛阶段,阿根廷队依然没有遇到难题,但到了正赛阶段,阿根廷队和保加利亚队、英格兰队、匈牙利队分在一组。第一场比赛,阿根廷队以1∶0战胜保加利亚队,随后便以1∶3在第二场比赛中输给了

阿根廷队

英格兰队。

第三场比赛中,阿根廷队与匈牙利队战成了比分为0∶0的平局。1胜1平1负的成绩未能支持阿根廷队从小组赛中出线,阿根廷队再次早早打道回府。

回到南美洲,阿根廷队的颓势还在继续。在1963年美洲杯上,阿根廷队虽然取得了对巴西队、厄瓜多尔队和哥伦比亚队的重要胜利,但同时也输给了玻利维亚队和秘鲁队,仅仅获得了第三名的成绩。

这一年,阿根廷队还在一项被称为"罗卡杯"的友谊赛中被巴西队击败。

直至1964年,阿根廷队才在巴西足协举办的国家杯,也被称为"小世界杯"的赛事中找回了尊严。阿根廷队先是以2∶0击败了葡萄牙队,随后又以3∶0的大比分战胜巴西队,最后一场以1∶0小胜英格兰队,从而获得了这届比赛的冠军。

由于东道主巴西队自1950年世界杯决赛以来从未输球,所以阿根廷队战胜巴西队的结果得到了媒体的高度赞扬。

在这样好的状态下,阿根廷队在1966年世界杯上的表现稍有进步。

预选赛阶段,阿根廷队以3胜1平的战绩获得了小组第一名。而到了正赛阶段,阿根廷队和联邦德国队、西班牙队、瑞士队被分在

第一章　来自历史的积淀

一组。

阿根廷队在第一场比赛中就以2∶1战胜了西班牙队，随后和联邦德国队战成比分为0∶0的平局。小组赛最后一场比赛中，阿根廷队以2∶0战胜瑞士队，从而以小组第二名的成绩晋级淘汰赛。

不过在淘汰赛中，阿根廷队遇到了东道主球队——英格兰队，英格兰队球员吉奥夫·赫斯特在比赛进行到第78分钟时打进一球，最后淘汰了阿根廷队。

这依然不是一个多好的成绩，但阿根廷队的进步已经显而易见，然而这个美好的局面转瞬即逝。

1967年美洲杯，阿根廷队被东道主乌拉圭队击败，仅仅获得第二名的成绩。1969年，阿根廷队参加1970年世界杯预选赛，在前两场比赛中就被玻利维亚队和秘鲁队击败，虽然球队在后两场比赛中奋力追赶，但还是未能改变自己获得小组倒数第一名的结局。

迄今为止，这仍然是阿根廷队仅有的一次止步于世界杯预选赛的经历。这次导致阿根廷队缺席1970年世界杯的糟糕表现，至今仍被视为阿根廷队足球历史上最大的挫败之一。

所以从19世纪60年代到20世纪60年代，在这100年里，阿根廷足球经历了从天堂到人间的跌落。

阿根廷是南美大陆上最早开展足球运动的国家，阿根廷足协也

阿根廷队

是美洲大陆上历史最悠久的足球管理机构，然而在前50年的领先过后，阿根廷队在后50年里一直处于平庸状态。

在南美大陆上，阿根廷队当然还是优秀的球队，但在欧洲球队面前，阿根廷队显得非常脆弱，其中一个原因就是阿根廷队无法适应世界杯上三天一场比赛的赛程节奏，而这和阿根廷队球员在国内足球赛事中没有经历过类似的强度有着密切的关系，不过这一点也很好解决。

随着阿根廷队球员走向国际，这支球队将会立刻反弹。

第二章

雄鹰首登世界之巅

> 对于阿根廷这个国家来说，1978年世界杯冠军是一次疗伤。
>
> ——引语

阿根廷队

◆ 混乱管理下的出征

1970年世界杯预选赛的失败，让阿根廷队痛定思痛，所以阿根廷队很早就开始了1974年世界杯的备战。

1974年世界杯预选赛，阿根廷队与玻利维亚队、巴拉圭队被分在一组。抽签结果出炉之后，阿根廷队就非常担心，因为玻利维亚首都拉巴斯位于玻利维亚西部的高原，平均海拔3500米。阿根廷队在1970年世界杯预选赛中就与玻利维亚队分在一组，在客场比赛进行的过程中，阿根廷队球员受到高原反应的严重影响，从而以0∶1输掉了比赛。

所以这一次，为了避免出现类似的情况，主教练奥马尔·西沃里决定另外组建一支队伍，专门在高海拔地区进行集训和比赛，他自己则按照计划，带着阿根廷队前往欧洲比赛。根据西沃里的指示，助理教练带着选拔好的球员前往阿根廷北部的高原。

然而就在这个时候，新组建的球队陷入了麻烦。

在这支球队出发前，阿根廷足协曾承诺提供必要的支持，但随后便予以否认。当时的阿根廷足协缺乏资金，也缺乏组织能力，就这

第二章 雄鹰首登世界之巅

样忽略了这支在日后被称为"幽灵队"的阿根廷队。

然而,球队身负重任,所以即便困难在前,也只好克服困难。入选这支球队的马里奥·肯佩斯在一年后透露,为了坚持下去,当时球队不得不在当地组织一些友谊赛来赚钱买食物,因为足协完全忽视了球队。

不过,球队的坚持换来了预期中的效果。1974年世界杯预选赛,阿根廷队先是在主场以4:0击败了玻利维亚队,随后在客场以1:1战平巴拉圭队,这让接下来阿根廷队在客场挑战玻利维亚队的比赛变得尤为关键。

球员做到了。凭借奥斯卡·福尔纳里在比赛第17分钟的进球,阿根廷队在客场以1:0小胜玻利维亚队,获得了自己想要的结果。

最后一场比赛,阿根廷队以3:1轻取巴拉圭队,从而以3胜1平的战绩获得小组第一名的成绩,晋级1974年世界杯正赛。

然而,就在预选赛结束之后,西沃里辞去了阿根廷主帅的职务,这一位置由弗拉迪斯拉奥·卡普接替。

新任主帅上任后,阿根廷队在世界杯上的表现再次出现了下滑。1974年世界杯,阿根廷队和波兰队、意大利队、海地队被分在一组。首场比赛,阿根廷队就未能取胜,以2:3输给了波兰队;第二场比赛对阵意大利队时,结果依旧不如意,阿根廷队仅仅获得了一场比分为

阿根廷队

1∶1的平局。

最后一场比赛，阿根廷队终于取得球队在本届世界杯上的第一场胜利，也是唯一的胜利——阿根廷队以4∶1战胜了海地队。

凭借小组赛阶段的1胜1平1负的战绩，阿根廷队和意大利队同样积3分，但阿根廷队对阵海地队的大胜起到了效果，于是阿根廷队以净胜球数更多的优势晋级下一轮。

1974年世界杯小组赛结束之后，并非进入到现在习以为常的淘汰赛模式。小组出线的8支球队将再被分为两个小组，再次以小组赛的形式分出先后名次，最终小组第一名参加决赛，第二名则参加季军赛。

面对荷兰队、巴西队、民主德国队这些更强的对手，阿根廷队毫无招架之力，三场比赛无一取胜，还以0∶4的大比分输给了荷兰队，就此结束了1974年世界杯之旅。

在这届世界杯上，肯佩斯的表现也相当糟糕，他参加了阿根廷队的全部比赛，但未能收获进球。

第二章 雄鹰首登世界之巅

◆ 用世界杯冠军疗伤

1974年世界杯，阿根廷队的表现令人沮丧。

考虑到阿根廷即将在1978年举办世界杯，为了在本土举办的世界杯上有足够出色的表现，阿根廷足协开始做出改变。

1974年，大卫·布拉库托被任命为阿根廷足协主席，布拉库托随即便向路易斯·梅诺蒂发出邀请，希望其能担任阿根廷队主帅。

梅诺蒂在1971年至1973年间执教胡拉坎队，带领其夺得阿甲冠军，这段经历让梅诺蒂成为阿根廷队主帅的人选之一。但在接手阿根廷队之前，梅诺蒂向阿根廷足协提出了几个条件，其中之一是不允许阿根廷的球队将25岁以下的阿根廷球员出售给国外的球队。

阿根廷足协答应了梅诺蒂的条件，于是梅诺蒂立刻开始接手阿根廷队主帅的工作。

接下来的几年里，梅诺蒂开始在整个国家的范围内，逐个俱乐部发掘优秀的球员，从而组建了一支优秀的球队，其中包括乌巴尔多·菲洛尔、丹尼尔·帕萨雷拉、阿尔贝托·塔兰蒂尼、里卡多·丹尼尔·贝尔托尼、豪尔赫·奥尔金、莱奥波尔多·卢克、何塞·瓦伦西亚、雷内·豪

阿根廷队

斯曼、奥斯瓦尔多·阿尔迪列斯等伟大球员。

当然了，其中也少不了肯佩斯。

在遴选球员的同时，阿根廷队也在为本土举办的世界杯进行着密集的筹备工作。除了参加美洲杯之外，阿根廷队还组织了大量的友谊赛，以此来考察球员和战术，但梅诺蒂在这段时间也给了年轻球员一些出场机会。

1977年2月27日，阿根廷队在糖果盒球场对阵匈牙利队，一位只有16岁的年轻球员得到了上场机会。这位年轻球员的名字叫马拉多纳。

到了1978年，梅诺蒂并没有将马拉多纳招入最后的大名单当中，因为梅诺蒂很清楚，这是一届阿根廷队不能出现任何差错的世界杯。

1978年世界杯的小组赛，阿根廷队和意大利队、法国队、匈牙利队被分在一组。

首场比赛，卢克和贝尔托尼各进一球，帮助阿根廷队以2∶1战胜了匈牙利队。第二场比赛，阿根廷队依然以2∶1战胜了法国队，这次进球的人变成了帕萨雷拉和卢克。

两连胜的阿根廷队在第三场比赛前就锁定了出线名额，所以最后一场对阵意大利队的比赛，结果不是那么重要。阿根廷队以0∶1不敌意大利队，这让阿根廷队仅以小组第二的名次晋级淘汰赛。

第二章 雄鹰首登世界之巅

1978年世界杯的赛制和1974年世界杯相同，小组出线的8支球队依然要被分为两个小组，从而决定谁能够参加决赛。

在这一阶段，阿根廷队和巴西队、波兰队、秘鲁队被分在一个小组。很显然，这个小组本质上就是阿根廷队和巴西队之间的较量。第一轮比赛中，阿根廷队凭借肯佩斯的梅开二度，以2∶0战胜了波兰队，而巴西队则在另一块场地以3∶0击败了秘鲁队。

第二轮比赛中，阿根廷队和巴西队进行直接对决，在经过了紧张而暴力的90分钟过后，两支球队互交白卷，比赛以0∶0收场。这样一来，阿根廷队和巴西队同样积3分，进入了最后一轮比赛。

最后一轮的两场比赛，本该在同一时间开赛，但国际足联以电视转播和门票销售的问题为由，安排巴西队对阵波兰队的比赛在阿根廷队对阵秘鲁队的比赛之前的两个半小时开始。

这样一来，阿根廷队就可以根据巴西队与波兰队的比赛结果来确定自己的战术打法和所需结果。

最终，巴西队以3∶1战胜波兰队，这意味着阿根廷队必须以净胜4球以上击败秘鲁队，才能以净胜球的优势进入决赛，最终阿根廷队做到了这一点。

对阵秘鲁队的比赛中，肯佩斯和塔兰蒂尼在上半场便收获进球，为阿根廷队取得了2∶0领先，而在下半场中，阿根廷队打进了4球，最

阿根廷队

终以6∶0战胜了秘鲁队。

比赛结束之后,巴西和秘鲁有关方面都有人认为阿根廷队的这场胜利来自于一场交易。

秘鲁媒体曾爆料称:"阿根廷军政府与秘鲁军政府进行了一桩肮脏的交易,阿根廷用3.5万吨粮食和5000万美元的贷款资金换得了这场比赛的胜利。"从当时两支球队在场上的表现看,秘鲁队球员的确有些漫不经心,但是当事者对此都予以了否认。时至今日,这个谜团仍然没有被解开,如今仍有人对此事寻根究底。

最终,阿根廷队力压巴西队,得以参加这届在本土举办的世界杯决赛。但到了决赛场上,争议仍在出现。

作为东道主球队,阿根廷队却离奇地迟到了5分钟,这使得布宜诺斯艾利斯纪念碑体育场内的7万余名球迷鼓噪起来,气氛变得尤为紧张。

在登场之后,阿根廷队又向裁判提出了异议。

阿根廷队认为荷兰队球员雷尼尔·范德科克霍夫手臂上的石膏不符合出场规定,因为这可能会伤害到阿根廷队球员。虽然在此前的比赛里,手缠石膏的范德科克霍夫已被允许参赛,但主裁判却犹豫不决。面对阿根廷队的种种做法,荷兰队球员用离场作为抗议,这导致比赛进一步推迟。

第二章 雄鹰首登世界之巅

最终经双方同意,范德科克霍夫在石膏外多缠了几圈绷带,比赛终于可以开始了。

毫无疑问,经过赛前的种种争议,双方的敌意气氛已经空前高涨,所以这场比赛屡屡被犯规打断。

在比赛进行到第38分钟时,肯佩斯帮助阿根廷队取得领先优势。下半场的比赛依然激烈,但随着时间的流逝,阿根廷队距离冠军越来越近。然而,荷兰队在比赛进行到第82分钟时,通过德克·南宁加的进球将比分追平。

比赛因此被拖入加时赛。在紧要关头,肯佩斯和贝尔托尼各进一球,帮助阿根廷队建立了3:1的领先优势,从而结束了这一届无比激烈但争议不断的世界杯。

这是阿根廷队历史上的第一个世界杯冠军,阿根廷队的核心成员肯佩斯则以打入6球的成绩,成为本届赛事的最佳射手。

比赛结束之后,肯佩斯在采访中动情地表示:"无论是我的进球还是决赛本身,我记住的永远是人们脸上的喜悦。"

对于阿根廷这个国家来说,1978年世界杯冠军是一次疗伤。

这一届的世界杯之所以争议不断,最主要的原因是在世界杯开幕的前两年,阿根廷发生了军事政变,阿根廷军队建立了一个被称为"国家重组进程"的军政府政权,于是外界普遍认为,军政府会

阿根廷队

尽最大努力让阿根廷队取得冠军，以此安抚民众，并且争取更多的支持。

所以在这样的背景下，这注定是一个足球被政府利用的典型例子，但阿根廷队球员是无辜的，他们拼尽了全力，也展现出了自己的能力，只不过阿根廷队球员的表现终归会因此被外界指指点点。

已经夺得世界杯冠军的阿根廷队依然需要用成绩证明自己，而下一次，上帝将与阿根廷队同行。

第三章

属于上帝的时代（上）

1986年世界杯，是属于马拉多纳一个人的。

——引语

阿根廷队

◆ 这一刻，天才诞生

关于1978年世界杯的议论，不仅出现在阿根廷队的对手之间，也出现在阿根廷国内，而且早在世界杯开幕前就已出现。

虽然那位叫作马拉多纳的年轻球员在友谊赛上表现非常出色，但梅诺蒂并未将其列入阿根廷队的大名单中。当时，军政府敦促梅诺蒂将河床队的中场球员诺尔贝托·阿隆索纳入其中，而不是马拉多纳。因为在当时，比马拉多纳大7岁的阿隆索是球迷更熟知的名字。

梅诺蒂知道，才华横溢的18岁年轻人马拉多纳无法承受阿根廷历史上最大的体育赛事所带来的巨大压力和关注，但梅诺蒂在比赛期间也只给了阿隆索几分钟的出场时间而已。

如果将其换作马拉多纳，那么马拉多纳日后的荣誉无疑将会更加厚重。

1960年10月30日，马拉多纳出生于布宜诺斯艾利斯省的维拉费奥里托区。

马拉多纳是家中的第五个孩子，却是第一个男孩。在父母和四个姐姐的照顾下，马拉多纳茁壮成长。3岁那年，马拉多纳得到了人生的第一个足球，从此就再也没有离开过这项极富魅力的运动。

1970年12月5日，10岁的马拉多纳参加了阿根廷青年人队的试训，顺利加入这支球队1960年年龄段的少年队。这支被称为"小洋葱头"的球队在1974年夺得了艾维塔全国运动会足球赛事和第八级别联赛的冠军。

此后，马拉多纳带领"小洋葱头"创下了136场比赛不败的纪录。这136场比赛不仅包括阿根廷国内的比赛，还包括在秘鲁和乌拉圭等国家举办的比赛。

除了帮助球队获得极佳的战绩，马拉多纳个人也早早成名。

1971年9月28日，年仅11岁的马拉多纳首次出现在了报纸上，报纸上如此写道："有一个11岁的孩子，从举止到风格，都是'球星'的模样。"

在那篇报道中，马拉多纳的名字被写成了"卡拉多纳"。

而在这一年，在阿根廷青年人队的比赛的中场休息期间，马拉多纳等小球员负责用一些杂耍技巧来垫场，因此，马拉多纳娴熟的技巧让其开始为阿根廷青年人队的球迷所熟知，马拉多纳从此变得小有名气。1971年，马拉多纳参加了电视节目的录制，节目上还播放了对这位未来之星的第一次电视采访，马拉多纳在采访中表示，其梦想是参加世界杯。

1976年，16岁的马拉多纳将迎来自己在阿根廷青年人队的首秀。

球队深知马拉多纳的潜力，所以很早就盼望着这一天，然而一线

阿根廷队

队不得不为其一直等到10月份,因为在此前的少年队比赛中,马拉多纳被裁判出示红牌并被判罚禁赛五场,这使得马拉多纳的首秀不得不大幅延后。

多年之后回顾那段往事,马拉多纳在接受采访时表示:"我有在场上说太多话的习惯。比赛结束后,裁判把我赶了出去,并给了我禁赛五场的罚单。"这件事也体现了马拉多纳一直以来的性格特点,而这将伴随马拉多纳的一生。

1976年10月20日,禁赛终于结束,马拉多纳在16岁生日的前10天,在阿根廷青年人队对阵科尔多瓦队的比赛中首次代表阿根廷青年人队出场。马拉多纳身穿16号球衣,就此成为阿甲历史上最年轻的球员。

上场仅仅几分钟,马拉多纳就给了场边的观众一次巨大的震撼。

作为一名还不满16岁的年轻球员,面对比他高大、比他健壮的成年人,马拉多纳毫无惧色,甚至还用穿裆过掉了对手球员胡安·多明戈·卡布雷拉。

职业生涯首秀上的这次穿裆过人,成为马拉多纳才华横溢的第一个注脚,马拉多纳后来说道:"那一天我感觉我用双手捧起了天空。"

而在20多天之后的1976年11月14日,也就是16岁生日两周后,马拉多纳在对阵圣洛伦索队的比赛中攻入了其在阿甲中的处子球。

1977年,马拉多纳已经在球队的首发阵容中确立了自己的位置,并在阿根廷青年人队度过了一个伟大的赛季——马拉多纳出场49场比赛,打入19球。到了1978年,17岁的马拉多纳就打入26球,夺得阿甲最佳射手的称号,成为阿甲历史上最年轻的最佳射手。

这样的表现,让马拉多纳已经吸引到了来自南美洲和欧洲各大俱乐部的关注,但马拉多纳拒绝了所有邀约,宁愿在平静的环境中备战世界杯。

因此,马拉多纳落选阿根廷队大名单简直是匪夷所思,但此事确实如此。得知自己落选之后,马拉多纳在阿根廷队训练基地外止不住地啜泣。

最后,马拉多纳只好表示:"我尊重他(梅诺蒂)的立场,因为他是教练,但这并不意味着我认同他的立场。"

◆ 这一刻,亮相世界

没能参加1978年世界杯,马拉多纳备感遗憾,但在1979年,同为阿根廷U20队主帅的梅诺蒂带上马拉多纳,参加了在日本举行的国际足联世界青年足球锦标赛。

马拉多纳已经是阿根廷青年人队和阿根廷足坛无可争议的一号人物,所以在同年龄的比赛中,马拉多纳发挥得游刃有余。小组赛阶段,马拉多纳就打入三球,帮助阿根廷U20队在对手为印度尼西亚

阿根廷队

U20队、南斯拉夫U20队和波兰U20队的小组中率先出线。

1/4决赛，凭借马拉多纳的又一个进球，阿根廷U20队以5∶0的大比分击败阿尔及利亚U20队。半决赛，阿根廷U20队对阵乌拉圭U20队时，拉蒙·迪亚兹与马拉多纳组成了黄金搭档，迪亚兹首开纪录，随后马拉多纳也攻入了一球，阿根廷U20队以2∶0击败对手。

到了决赛，虽然阿根廷U20队开局丢掉一球，但还是逆转了比分，以3∶1击败苏联U20队，夺得了冠军。比赛进行到第76分钟时，马拉多纳直接通过任意球打进一球，这一球赢得了现场35,000名球迷的满堂彩。

最终，马拉多纳打入6球荣获本届赛事的最佳球员和银靴奖，成为外界公认的未来巨星。

获得国际足联世界青年足球锦标赛冠军后，马拉多纳继续在阿根廷足坛大放异彩，于1981年随博卡青年队夺得了阿甲的冠军，这是马拉多纳在俱乐部赛场的第一个冠军。

而在这个赛季，马拉多纳在40场比赛中打进28球，这让阿根廷媒体和球迷对马拉多纳在1982年世界杯上的首秀无比期待。

1982年世界杯前，梅诺蒂将在1978年世界杯中夺冠的成员与在1979年国际足联世界青年足球锦标赛中夺得冠军的部分年轻有为的球员组合在一起，使阿根廷队成为夺冠的热门球队。

然而，这样一支理论上的无敌之师，并没有取得阿根廷队想要的结果。

1982年世界杯，阿根廷队无须参加预选赛，直接进入正赛。阿根廷队在小组赛中的对手是比利时队、匈牙利队和萨尔瓦多队。

首场比赛中，阿根廷队吃到了"开门黑"，以0∶1输给了比利时队，比赛中马拉多纳和阿根廷队的表现都不够出色。

第二场比赛中，阿根廷队以4∶1战胜匈牙利队，表现上有所恢复，马拉多纳也在这场比赛中打进了其在世界杯上的第一球和第二球。最后一场比赛，阿根廷队以2∶0战胜了萨尔瓦多队，从而进入了下一轮。

虽然表现低开高走，但阿根廷队内部存在着明显紧张的气氛。年轻但经验不足的球员与年长却经验丰富的球员之间的关系并不友好，梅诺蒂的建队思路并未得到良好的反馈。

于是在之后的比赛里，阿根廷队因此付出了代价。

由于参赛球队的增多，1982年世界杯赛制也有所改变。小组赛阶段之后，晋级的十二支球队将会被分为四组，各组组内进行单循环比赛，决出的小组第一将参加半决赛。

在这一阶段，阿根廷队和意大利队、巴西队被分在一组。对阵意大利队的比赛中，阿根廷队就以1∶2的比分输给了对手，而在这场比赛中，马拉多纳也创下了一项全新的纪录——成为世界杯历史上单场被犯规次数最多的球员，被对手侵犯多达23次。

阿根廷队

负责防守马拉多纳的意大利队中场球员克劳迪奥·詹蒂莱在赛后还表示："足球这项运动不适合芭蕾舞演员。"

输球的阿根廷队在3天后迎战巴西队,阿根廷队最终屈服于巴西队的进攻,以1∶3被淘汰出局。

当比赛进行到第80分钟时,面对三球落后的局面,沮丧又愤怒的马拉多纳忍无可忍,对一直侵犯他的巴西队球员巴蒂斯塔施以报复,因此马拉多纳被判罚红牌,罚出场外。

马拉多纳在比赛中的失望可见一斑,而在世界杯后,马拉多纳被阿根廷媒体列为"失望者"之一,并且被外界严厉批评。

实际上,阿根廷队在1982年世界杯上的失败也不仅仅是球队自己的原因。

就在阿根廷队第一场小组赛结束后的第二天,马尔维纳斯群岛战争(英国称为"福克兰群岛战争")在6月14日以阿根廷政府宣布投降而结束。

这场战争期间,阿根廷国内的爱国情绪非常高涨,新闻媒体也在战事初期一度宣传阿根廷军队即将赢得战争,然而随着战事不利,及至最后宣布投降,阿根廷人民的爱国情绪被大大挫伤,阿根廷队也不免因此受到影响。

马尔维纳斯群岛战争就此成为一代阿根廷人的集体创伤。

第三章 属于上帝的时代（上）

1982年世界杯之后，阿根廷队开始了改变。

因为世界杯的失败，梅诺蒂离任。虽然阿根廷队的表现不及预期，但在梅诺蒂担任主帅的九年间，阿根廷队两次夺得了世界冠军（一线队和U20队）。这几乎是阿根廷队历史上第一次以明确、严肃的目标，规划和开展的长期工作。

梅诺蒂离职之后，其所代表的控球型、进攻型打法自然也告一段落，而阿根廷队的下一任主帅的战术风格，和梅诺蒂截然相反。

阿根廷队新帅的名字叫作卡洛斯·比拉尔多。

几乎是在上任之后的第一天，比拉尔多就开始改造阿根廷队。

比拉尔多做出的第一个改变就是更换队长。梅诺蒂时代，阿根廷队队长是丹尼尔·帕萨雷拉，而比拉尔多选择了马拉多纳。

不过，自从马拉多纳在1982年世界杯对阵巴西队的比赛中被罚下之后，从1982年7月2日到1985年5月10日，马拉多纳没有代表阿根廷队参加过任何比赛。

其中，有一部分原因在于比拉尔多想要保护马拉多纳，但比拉尔多也借此考察了在阿根廷联赛踢球的球员，而当时的马拉多纳已经转会至西班牙的巴萨队。

1983年美洲杯上，比拉尔多组建的这支以在阿根廷联赛踢球的球员组成的阿根廷队便正式亮相，这是比拉尔多首次率队参加正式

阿根廷队

比赛。阿根廷队表现一般,在小组赛中只收获了1胜2平的成绩,最终未能从小组赛中出线。

从那时起,比拉尔多就开始受到外界的质疑,但这毕竟是一支没有马拉多纳的阿根廷队。

1986年世界杯预选赛中,阿根廷队和委内瑞拉队、哥伦比亚队、秘鲁队被分在一组。首场比赛中,阿根廷客场对阵委内瑞拉队,虽然马拉多纳早早进球,并且上演了梅开二度,强势宣告了自己的回归,但在比赛结束时,委内瑞拉队仅以2∶3的比分憾负于阿根廷队,证明了拥有马拉多纳的阿根廷队也并非无懈可击。

尽管在首场比赛中取得了胜利,然而阿根廷队,尤其是比拉尔多和马拉多纳,还是遭到了阿根廷媒体的批评,有的媒体甚至明确要求比拉尔多主动辞职。

接下来的比赛中,阿根廷队连续取胜,这让外界的批评声有所减小,但在倒数第二场比赛中,阿根廷队以0∶1不敌秘鲁队,这意味着如果阿根廷队想要晋级1986年世界杯,在最后一场比赛中必须不输给秘鲁队。

对于当时的阿根廷队来说,这的确是一个相当困难的任务。比赛开始后的第12分钟,虽然阿根廷队凭借佩德罗·巴勃罗·帕斯库利的进球率先取得领先,但在上半场结束前,秘鲁队就将比分逆转。比赛时间渐渐流逝,阿根廷队即将在主场以1∶2输球,然而在比赛进行到第81分钟时，里卡多·阿尔贝托·加雷卡·纳尔迪将比分扳平，阿根廷队最终获得了想要的平局结果和1986年世界杯正赛资格。

然而，比赛结束时，球场内响起了阿根廷队球迷的口哨和嘘声，球迷对阿根廷队的比赛水平并没有信心。在前往墨西哥之前，阿根廷队在一系列的热身赛中表现不佳，这使得外界对阿根廷队和比拉尔多的批评和反对声更加大了。

其间，时任阿根廷总统劳尔·阿方辛甚至直接要求解雇比拉尔多。

这个时候，作为队长的马拉多纳站了出来，他在接受采访时宣称："如果比拉尔多被解雇，我们都会一起离开。"

大战在前，这番表态让马拉多纳和比拉尔多彻底绑在了一起。可以预计的是，如果这届世界杯上阿根廷队的比赛结果不佳，不仅比拉尔多会被媒体"钉死"，马拉多纳也会遭殃。

就是在这样的舆论环境下，阿根廷队迸发出巨大的战斗力，尤其是马拉多纳。

◆ 这一刻，天神下凡

1986年6月2日，阿根廷队在1986年世界杯上正式亮相，阿根廷队

阿根廷队

以3:1战胜了小组赛的第一个对手——韩国队。

马拉多纳在比赛中遭到了韩国队后卫的严密盯防，共造成了韩国队的11次犯规，尽管如此，马拉多纳在比赛中还是送出了3次助攻，让豪尔赫·阿尔贝托·弗朗西斯科·巴尔达诺·卡斯特拉诺斯和奥斯卡·阿尔弗雷多·鲁杰里收获了阿根廷队的所有进球。

小组赛的第二场比赛中，阿根廷队对阵保罗·罗西率领的意大利队，在比赛进行到第34分钟时，马拉多纳收获一记精彩绝伦的进球，最终扳平比分，让阿根廷队以1:1战平意大利队。

最后一场小组赛，马拉多纳继续闪耀，送出了一次助攻，阿根廷队最终以2:0击败保加利亚队，以小组第一的名次锁定了出线的名额。

1986年世界杯，赛制回到了常规的小组赛和淘汰赛模式，所以决出十六强之后，球队之间两两捉对厮杀，阿根廷队在1/8决赛的对手是老熟人乌拉圭队。

在这场比赛中，当比赛进行到第42分钟时，帕斯库利打进一球，阿根廷队凭借这一球以1:0击败了乌拉圭队，从而晋级八强。

这场比赛是马拉多纳在1986年世界杯上唯一没有进球或助攻的比赛，但在多年之后，马拉多纳表示这是"他在世界杯上表现最好的一场比赛"。

进入八强之后，阿根廷队的对手是英格兰队。

第三章 属于上帝的时代（上）

实际上，阿根廷队和英格兰队的恩怨最早可以追溯到1966年世界杯。那一届世界杯，阿根廷队恰恰是在1/4决赛中被英格兰队淘汰，在比赛中，阿根廷队球员安东尼奥·拉廷因为出言不逊而被裁判驱逐，而主裁判鲁道夫·克莱特莱因来自联邦德国，并不会讲西班牙语。

当时的比赛还没有红牌和黄牌，所以拉廷一度拒绝离场，坐在了英国女王专用的红地毯上。最终，两名警察将拉廷带离场地，离场的过程中，拉廷还将一面代表英国的三角旗揉成一团，以示对东道主和组委会的抗议。拉廷一系列的表现让英格兰球迷相当愤怒，然而在回国时，拉廷却得到了阿根廷队球迷的支持和喝彩，从而拉开了两支球队之间的敌对序幕。

而对于阿根廷队来说，在此基础上，还有四年前马尔维纳斯群岛战争的失败，这一切都让阿根廷队的战斗意志无比高涨，最后激发出一场无与伦比的比赛。

比赛的开局十分胶着，双方都有得分机会，但都未能取得进球。上半场比赛，阿根廷队占据了大部分控球权，但无法突破英格兰队顽强的防守。

比赛进行到第51分钟时，英格兰队球员斯蒂芬·布莱恩·霍奇一次糟糕的回传，让伺机已久的马拉多纳等到机会。马拉多纳快速冲向

阿根廷队

足球,英格兰队门将彼得·希尔顿也弃门出击,但马拉多纳率先触球,足球越过希尔顿的头顶,从而弹进了球门。

进球之后,马拉多纳疯狂庆祝,阿根廷队球员也赶来庆祝,英格兰队球员则向突尼斯主裁判阿里·本·纳赛尔表示抗议,但主裁判和助理裁判都没有看清进球过程,最终判罚了进球有效。

然而,当时已经具备的电视回放技术清晰地显示,马拉多纳是用自己的左手将球打进的,但手触球的同时,马拉多纳同时摆头,这个动作干扰了主裁判的判断,所以赛后当被问到这一球时,马拉多纳用一句经典的回答将其描述为"一点点马拉多纳的头,一点点上帝的手"。

从此,这个进球就被称为"上帝之手"。

如果这一球会让外界对英格兰队有所同情,那么在4分钟之后,马拉多纳从自己的半场出发,相继过掉了英格兰队一众防守球员和守门员希尔顿,攻进一球,凭借一己之力击溃了半支英格兰队。

这一球的精彩程度让人瞠目结舌,在2002年国际足联进行的在线民意调查中被评为"世纪进球"。正因第二个进球的威武和第一个进球的恶名,这种前后的巨大反差让法国报纸《队报》将马拉多纳描述为"一半天使,一半魔鬼"。

很显然,这场1/4决赛被马拉多纳打上了深深的个人烙印,以至于英格兰队在比赛进行到第81分钟时,由加里·莱因克尔打进的挽回颜

第三章 属于上帝的时代（上）

面的一球，并没有给外界留下印象。

这场比分实际上是2∶1的比赛，和2∶0并没有太大区别。

这场比赛结束之后，阿根廷队在更衣室内疯狂庆祝，马拉多纳带头大喊"阿根廷"的画面传遍了整个地球，马拉多纳的形象从而超越了足球范畴，成为当时流行文化的一个代表。

而在这场情绪极为浓烈的比赛过后，阿根廷队变得无可阻挡。

半决赛上，马拉多纳在对阵比利时队的比赛中再进两球，其中的第二球也是凭借其精湛的盘带表现制造的，阿根廷队从而以2∶0击败比利时队，自1978年以来再次来到世界杯决赛的舞台上。

面对已经可以称得上是"天神下凡"的马拉多纳，阿根廷队的决赛对手——联邦德国队，决定用两名球员来限制马拉多纳，这的确在比赛中起到了一定的效果，但这也让其他的阿根廷队球员获得了额外的发挥空间，于是何塞·路易斯·布朗和巴尔达诺各进一球，帮助阿根廷队取得了两球领先的优势。

然而，正当阿根廷队等待比赛结束时，联邦德国队突然发力，在6分钟内打进两球，一度扳平了比分。

这个时候，被严密防守的马拉多纳终于看到了一丝空间。在比赛进行到第84分钟时，也就是德国队扳平比分的4分钟后，马拉多纳在三名联邦德国队球员的簇拥下，为豪尔赫·布鲁查加送上了一次匪夷

阿根廷队

所思的助攻，布鲁查加攻入了阿根廷队的第三个，也是本场比赛的最后一球，最终让阿根廷队在历史上第二次加冕世界杯冠军。

1986年世界杯，是属于马拉多纳一个人的。

马拉多纳在七场比赛里被对手总计犯规了53次，这是单个球员在单届世界杯上被犯规次数的最高纪录。

在这种程度的限制的情况下，马拉多纳依然创造了阿根廷队一半以上的射门机会，并且以自己打进或助攻队友的方式，制造了阿根廷队总共打入的14球中的10球。

于是在决赛结束之后，马拉多纳获得了一致的认可，赢得了代表本届世界杯最佳球员的"金球奖"，并被外界认为几乎是凭借一己之力帮助阿根廷队夺得了世界杯，但马拉多纳始终表示其并不同意这种说法。

多年之后，马拉多纳用一番话表达了自己在1986年世界杯上的心路历程："我是一个普通人，在对阵英格兰队的比赛中制造了一个精彩的进球，但英格兰人杀死了我们在马尔维纳斯群岛上的孩子们。今天每个人都认识我了，因为祖父告诉父亲，父亲又告诉儿子，但我只是一个普通人。"

第四章
属于上帝的时代（下）

在一次历史性的新闻发布会上，马拉多纳流着泪说出了历史性的一句话："他们砍掉了我的双腿。"

——引语

阿根廷队

◆ 这一刻，带伤作战

1986年世界杯之后，马拉多纳和阿根廷队登上了巅峰。

这个结果让赛前的批评声彻底消失，被媒体猛烈抨击的比拉尔多也成为冠军教练，继续执教阿根廷队。

夺得1986年世界杯之后，阿根廷队直到1987年才重新集结。作为世界杯冠军，阿根廷队被认为是1987年和1989年美洲杯的夺冠热门球队，但阿根廷队仅仅取得了第四名和第三名的成绩。

这样的表现，让外界再次想起了1986年世界杯之前的样子，但在世界杯冠军的光环下，阿根廷队并未像1986年那样被外界批评。

1990年世界杯之前，阿根廷队的麻烦还没有结束。

虽然比拉尔多为阿根廷队加入了克劳迪奥·卡尼吉亚、塞尔吉奥·戈耶切亚和佩德罗·特罗利奥等令人兴奋的年轻球员，但1986年世界杯冠军成员中，很多球员都在俱乐部赛事中遭遇了伤病，鲁杰里和布鲁查加等人的肌肉伤病对阿根廷队的实力造成了沉重的打击。

就连马拉多纳也未能幸免。脚趾和脚踝的伤势导致马拉多纳无

第四章 属于上帝的时代（下）

法正常训练，所以马拉多纳并不在自己的最佳状态，这意味着阿根廷队不会像四年前那般闪耀，但外界并没有意识到这一点。

作为1986年世界杯冠军，阿根廷队无须参加1990年世界杯预选赛，所以在小组赛阶段，阿根廷队和喀麦隆队、罗马尼亚队、苏联队被分在一组。

首场比赛中，阿根廷队就开始出现问题。面对喀麦隆队，阿根廷队失去了四年前的统治力，最终被喀麦隆队打进一球，以0∶1输掉了比赛，这还是在喀麦隆队被罚下两人的情况下。

第二场比赛对阵苏联队时，阿根廷队终于找回了一些感觉。马拉多纳为特罗利奥送上助攻，帮助阿根廷队首开纪录，随后布鲁查加打进了第二球，阿根廷队以2∶0战胜了对手。

获得比赛的胜利之后，阿根廷被淘汰的可能性大大减小。小组赛的最后一场比赛中，阿根廷队对阵罗马尼亚队，马拉多纳的脚踝被对手踢伤，受到这一打击，阿根廷队最终仅以1∶1战平罗马尼亚队。

1胜1平1负的战绩，让阿根廷队无缘小组前两名，但在六个小组的第三名中，阿根廷队的成绩最好，凭借这一点成功晋级十六强。

在小组赛阶段，阿根廷队和马拉多纳的表现不如四年前，这已成为事实，而进入淘汰赛，什么事情都有可能发生。

1/8决赛，阿根廷队遭遇老对手巴西队。虽然脚踝伤处发炎，但马

阿根廷队

拉多纳并没有放弃参赛的想法,表示自己"即使打着石膏"也会参加比赛。

但在比赛中,巴西队占据了整场比赛的主导地位,阿根廷队只能竭尽全力进行抵抗,就在比赛进行到第81分钟时,马拉多纳在中场得球,带球过掉三名巴西队球员,在即将摔倒之前把球以诡异的线路传给了卡尼吉亚,卡尼吉亚单刀面对巴西队门将没有失手,阿根廷队凭借这个关键的进球,以1:0淘汰了巴西队。

这是阿根廷队历史上最著名的进球之一。

1/4决赛,阿根廷队的对手是南斯拉夫队。

在这场艰难的比赛中,南斯拉夫队在上半场就遭到了红牌的打击,几乎整场比赛都处于少打一人的困境,但南斯拉夫队仍将比赛拖入了点球大战。马拉多纳在点球大战中罚丢,但阿根廷队门将戈耶切亚贡献了出色的表现——扑出了三个点球,帮助阿根廷队进入半决赛。

半决赛,阿根廷队在那不勒斯挑战东道主意大利队,有趣的是,马拉多纳同样效力于那不勒斯队,这让那不勒斯的意大利队球迷处于相当尴尬的状态。在比赛进行到第17分钟时,意大利队球员萨尔瓦托·斯基拉奇帮助意大利队取得领先优势,但在下半场,卡尼吉亚扳平了比分,从而打破了意大利队门将沃尔特·曾加在这届世界杯不失球

第四章 属于上帝的时代（下）

的纪录。

虽然马拉多纳和阿根廷队奋力发挥，但在此后的比赛里并没有取得进球，比赛再次进入点球大战。戈耶切亚再次成为阿根廷队的功臣，在扑出意大利队两个点球之后，戈耶切亚帮助阿根廷队进入决赛。

在跌跌撞撞中进入决赛，阿根廷队的表现让很多人都意想不到。

决赛，阿根廷队对阵联邦德国队。

卡尼吉亚在对阵意大利队的比赛中被判罚黄牌后停赛一场，因而无法参加这场决赛。除此之外，多名阿根廷队球员带伤进入决赛，其中也包括马拉多纳，于是联邦德国队成为夺冠大热门，因为联邦德国队表现出了高效而精准的比赛风格，而且大多数联邦德国队球员的状态都很不错。

和1986年世界杯时不同，面对一个并不在最佳状态的马拉多纳，联邦德国队不再需要用两人盯防，但即便如此，这场比赛也进行得相当激烈和暴力，所以阿根廷队在这场由联邦德国队主导的比赛中几乎没有打出进攻威胁，而联邦德国队也很难创造出明显的进球机会。

最终，在比赛进行到第85分钟时，墨西哥裁判埃德加多·科德萨

阿根廷队

尔在罗伯托·森西尼犯规后,让联邦德国队获得了一个宝贵的点球机会,安德烈亚斯·布雷默主罚命中,结束了这场比赛。

◆ 这一刻,英雄落幕

1990年世界杯结束了,阿根廷队未能卫冕成功。虽然亚军的成绩依然让阿根廷队在回国时获得了欢迎,但球队上下都很失望,比拉尔多也在世界杯后选择辞职。

这届世界杯之前,马拉多纳就宣称这将是其"最后一届世界杯",马拉多纳计划履行完与那不勒斯的合同,然后回到阿根廷的博卡青年队。世界杯之后,马拉多纳在采访中甚至一度宣布自己将退出阿根廷队。

很显然,两届世界杯的经历,让马拉多纳承受了无比沉重的压力,这种压力既体现在身体层面,也体现在心理层面。

马拉多纳在1986年世界杯时期的队友巴尔达诺就曾说过:

"马拉多纳是一位领袖,他解决了球场上出现的所有问题。首先,他负责创造奇迹,这给了他的队友们很大的信心。其次,他的名气如此之大,以至于他替队友承受了所有的压力。我的意思是,你在比

第四章 属于上帝的时代（下）

赛的前一天晚上可以睡得很香，不仅因为你知道你和马拉多纳并肩作战，还因为马拉多纳可以做到其他人都做不到的事情，但也因此，我们潜意识里知道，如果我们输了，那么马拉多纳将比我们其他人承受更多批评。这就是他在球队中的影响力。"

于是，阿尔菲奥·巴西莱成为阿根廷队新帅，马拉多纳则似乎已经淡出阿根廷队。

巴西莱在上任之初就坚信，新时代将伴随着阿根廷队的更新换代而到来，因此巴西莱主要召集了在阿根廷踢球的球员，而不是来自欧洲联赛的球员。因此，阿根廷队中出现了迭戈·西蒙尼、加夫列尔·巴蒂斯图塔、达里奥·弗朗哥、费尔南多·雷东多等一大批有前途的年轻球员。

巴西莱将这些年轻球员与鲁杰里、戈耶切亚、卡尼吉亚等一些从比拉匀多时代延续下来的、经验丰富的球员组合在一起，从而打出了一系列丰富多彩、充满力量的比赛。

1991年，阿根廷队以不败战绩，在时隔32年之后夺得了美洲杯冠军，整个赛事期间，阿根廷队在7场比赛中赢得了6场，巴蒂斯图塔打入6球成为本届赛事的最佳射手。

然而在1991年3月，马拉多纳在意大利的药检中呈阳性，因此被暂停足球活动15个月之久，这意味着马拉多纳可能回归阿根廷队的时间

阿根廷队

需要再次延后。

1992年10月，阿根廷队获得了"法赫德国王杯"的参赛权，参赛球队包括1988年亚洲杯冠军沙特阿拉伯队、1991年美洲杯冠军阿根廷队、1991年中北美及加勒比地区金杯赛冠军美国队和1992年非洲国家杯冠军科特迪瓦队。

在这届没有来自欧洲或大洋洲的球队的比赛上，阿根廷队是最受欢迎的球队，也是实力最强大的球队，于是阿根廷队轻松获胜，在半决赛以4∶0轻松击败科特迪瓦队，决赛上则以3∶1击败了沙特阿拉伯队。

这项赛事后来被国际足联追溯确认，也就是后来的国际足联联合会杯（简称"联合会杯"）。

1993年，马拉多纳的禁赛期已满。

马拉多纳在当时被称为"阿特米奥·弗兰基杯"，也就是现在的欧美杯上回到阿根廷队。常规时间内以1∶1战平后，美洲杯冠军阿根廷队在点球大战中以5∶4战胜了当时的欧洲足球锦标赛（简称"欧洲杯"）冠军丹麦队。

不过，马拉多纳并没有参加1993年的美洲杯比赛。

虽然阿根廷队再一次获得了美洲杯冠军，但和1991年的势如破竹不同，阿根廷队的这一次获胜磕磕绊绊，大部分比赛都和对手打到了

第四章 属于上帝的时代（下）

加时赛和点球大战，这也为阿根廷队在1994年世界杯预选赛上的表现埋下了伏笔。

作为1990年世界杯亚军、1991年和1993年两届美洲杯冠军，阿根廷队在1994年世界杯预选赛中不应该有任何的波折，但阿根廷队险些缺席这届世界杯。

1994年世界杯预选赛中，阿根廷队和哥伦比亚队、巴拉圭队、秘鲁队被分在一组，马拉多纳依然没有被征召。前两场比赛中，阿根廷队取得全胜，然而在第三场比赛中，阿根廷队在客场以1∶2不敌哥伦比亚队。第五场比赛中，阿根廷队又在主场被巴拉圭队以0∶0逼平。最后一场比赛，阿根廷队在主场以0∶5惨败于哥伦比亚队，屈居小组第二名的同时，被迫需要参加与澳大利亚队的洲际附加赛，才能确保自己获得1994年世界杯的一个正赛席位。

这场比赛的失利震惊了阿根廷队球迷，阿根廷国内的体育杂志在当时最新一期的杂志上选择了黑色和写有"耻辱"字样的封面，表达了对阿根廷队失利的愤怒和因此而受到的屈辱。

这样的表现和结果，迫使巴西莱和时任阿根廷足协主席胡里奥·温贝托·格隆多纳邀请马拉多纳重回阿根廷队。

1993年10月31日，由马拉多纳再次担任队长的阿根廷队在悉尼与澳大利亚队进行了附加赛的首回合比赛。在这场艰苦的比赛中，

阿根廷队

凭借马拉多纳助攻阿贝尔·爱德华多·巴尔博的进球，阿根廷队勉强以1∶1和澳大利亚队战平，所以阿根廷队必须在第二回合的比赛中获胜。

第二回合的比赛，凭借巴蒂斯图塔的进球，阿根廷队以1∶0战胜澳大利亚队，艰难地获得了1994年美国世界杯的参赛资格。

◆ 这一刻，时代结束

晋级世界杯的道路就走得如此艰难，阿根廷队球迷也不敢奢望阿根廷队在1994年世界杯上会有多么好的表现，但有了马拉多纳，阿根廷队也会有一些底气。

然而，这份底气很快就消失了。

1994年世界杯小组赛，阿根廷队和尼日利亚队、保加利亚队、希腊队被分在一组。首场比赛中，阿根廷队展现出了不错的状态，以4∶0的大比分战胜了希腊队，巴蒂斯图塔上演了帽子戏法，马拉多纳也通过罚入点球收获一球，这是马拉多纳在世界杯赛场上打入的最后一球。

第二场比赛中，阿根廷队延续着胜利的节奏，卡尼吉亚梅开二

第四章 属于上帝的时代（下）

度，帮助阿根廷队以2∶1获得了比赛的胜利。

这场比赛结束之后，马拉多纳被抽去接受反兴奋剂检测。

在对阵保加利亚队的小组赛第三场的前几天，马拉多纳的药检结果呈阳性，在样本中检测到了麻黄碱，于是国际足联很快就做出了判罚决定，马拉多纳被禁赛15个月，并且需要离开世界杯赛场。

在一次历史性的新闻发布会上，马拉多纳流着泪说出了历史性的一句话："他们砍掉了我的双腿。"

虽然阿根廷队还有不少优秀的年轻球员，但受到此事的打击，阿根廷队在小组赛第三场中，以0∶2输给了保加利亚队，最终和1990年一样，仅仅以所有小组第三名中成绩最好的身份晋级十六强。

到了1/8决赛，颓势还在继续，阿根廷队以2∶3不敌罗马尼亚队，就此草草地结束了1994年世界杯。

很显然，马拉多纳被禁赛15个月的罚单，标志着马拉多纳长达17年的阿根廷队生涯的结束。在这17年当中，马拉多纳在91场比赛中打进34球，为阿根廷队拿到了一次世界杯冠军和一次亚军。

作为足球这项运动中颇具争议的人物，虽然马拉多纳因其比赛风格而受到球员、教练和专家的交口称赞，但也因其脾气和赛场内外的争议行为而备受媒体的批评。

马拉多纳并没有将自己视为圣人，就像1986年世界杯上的绝世表

阿根廷队

演那样,马拉多纳在"天使"和"魔鬼"之间不断切换。即便如此,外界也不得不承认马拉多纳在足球这项运动上的绝世天赋。

马拉多纳,就是为足球而生的。

第五章

难以打破的魔咒

自从马拉多纳离开之后,阿根廷队再也没能找到正确的前进道路。

——引语

阿根廷队

◆ 后马拉多纳时代

英雄以这种方式退场，英雄所在的球队自然也难以顺其自然地进入下一阶段。

1994年世界杯之后，巴西莱辞去了阿根廷队的教练职务，阿根廷足协任命丹尼尔·帕萨雷拉接替巴西莱的位置。

作为夺得1978年世界杯冠军的那支阿根廷队的队长，帕萨雷拉显然对此后的阿根廷队有着很多看不惯的地方，于是自上任后，帕萨雷拉就为阿根廷队树立了全新的规则，以求创建一种全新的文化，然而其中一些规则和足球本身并无关系，反倒使得阿根廷队的实力大受影响。

比如，帕萨雷拉禁止阿根廷队球员留长发，而且对球员佩戴饰物也有着极其严格的规定，凡是不遵从这些规定的球员，一律禁止参加训练。

结果在帕萨雷拉的时代，雷东多和卡尼吉亚等球员长期无缘阿根廷队。

由此，帕萨雷拉提拔了很多年轻球员，组建了一支作风相当强悍

第五章　难以打破的魔咒

的阿根廷队,其中包括阿里·奥特加、巴勃罗·艾马尔、埃尔南·克雷斯波、胡安·塞巴斯蒂安·贝隆、马蒂亚斯·阿尔梅达、哈维尔·萨内蒂、罗伯托·阿亚拉等一干年轻球员,与已经参加过1994年世界杯的西蒙尼、巴蒂斯图塔等人,一起逐渐成为阿根廷队的主力球员和中坚力量。

然而,做出了上述一系列的改变,阿根廷队的战绩并没有立刻发生好转。1995年1月,阿根廷队以1993年美洲杯冠军的身份继续参加"法赫德国王杯"。阿根廷队和上一届一样进军决赛,但面对1992年欧洲杯冠军丹麦队,阿根廷队以0∶2落败。

而在这一年的美洲杯上,阿根廷队也没能让阿根廷队球迷感到满意。阿根廷队从小组赛出线之后,立刻遭遇了巴西队,最后在一场比分为2∶2的平局过后,在点球大战上输给了巴西队。

这段时间,唯一能让阿根廷队球迷感到开心的赛事是国际足联世界青年足球锦标赛。

1995年和1997年,阿根廷U20队两度夺冠。取得这一成绩在很大程度上是因为阿根廷足协任命了一位完全独立于阿根廷队的教练,而在此之前,阿根廷队的教练都会兼任阿根廷20岁以下年龄段青年队的教练。

在这两届赛事中,作为阿根廷U20队的教练,何塞·佩克尔曼的

阿根廷队

工作卓有成效，为阿根廷队发掘了大量的人才，也让年轻球员很早就堪当大任。

不过，当时的帕萨雷拉无暇关注U20队，因为在1997年美洲杯上，阿根廷队依旧没有足够出色的表现，这一次阿根廷队再度止步于1/4决赛，而这次淘汰阿根廷队的对手是秘鲁队。

帕萨雷拉在阿根廷队主帅的位置上，并没有带领球队打出傲人的成绩，晋级1998年世界杯可能是其中为数不多的微小亮点之一。

1998年世界杯预选赛中，南美足联首次将所有球队都分在一个小组，任何球队都需要和其他球队进行主客场的双循环比赛，所以这是一个赛程极其漫长的预选赛形式，极其考验球队在长时间比赛中的稳定性。

在这方面，帕萨雷拉的球队确实做得不错。阿根廷队在16场比赛中取得了8场比赛的胜利，虽然这个数据不如排在第二名、获得了9场比赛胜利的巴拉圭队，但阿根廷队在这16场比赛中仅仅输掉了2场比赛，这个数据是所有球队中最少的。

阿根廷队仅在客场以0∶2输给了厄瓜多尔队，以1∶2输给了玻利维亚队。

凭借这样不够出色但也不算差的成绩，阿根廷队获得了1998年世界杯的正赛名额。

第五章 难以打破的魔咒

小组赛阶段,阿根廷队和克罗地亚队、牙买加队、日本队被分在一组。首场比赛中,阿根廷队以1∶0小胜日本队,巴蒂斯图塔打进了比赛中的唯一进球。到了第二场比赛,面对牙买加队,阿根廷队火力全开,奥尔特加梅开二度,巴蒂斯图塔则上演了帽子戏法,于是阿根廷队以5∶0的大比分横扫对手。

两战全胜,阿根廷队已经基本锁定了小组出线的名额,但在最后一场比赛中,阿根廷队也没有出现松懈,毛里西奥·埃克托·皮内达的进球让阿根廷队以1∶0战胜克罗地亚队,从而以小组第一的名次进入淘汰赛阶段。

然而,阿根廷队在小组赛的出色状态没能延续到淘汰赛阶段。

1/8决赛,阿根廷队的对手是同样强大的英格兰队。虽然阿根廷队在比赛仅仅进行到第6分钟时,就通过巴蒂斯图塔的点球取得领先优势,但4分钟后,阿兰·希勒同样罚入点球,将比分扳平,而且在比赛进行到第16分钟时,迈克尔·詹姆斯·欧文打进了让英格兰队将比分反超的一球,阿根廷队则在上半场结束前,利用任意球战术才将比分重新扳平。

下半场比赛,局势发生重大变化。英格兰队的大卫·贝克汉姆因踢倒西蒙尼而被判罚离场,但占据人数优势的阿根廷队直到加时赛结束也没有打进比赛第三球,比赛被迫进入点球大战。

阿根廷队

到了这个时候，阿根廷队才凭借门将卡洛斯·罗阿的精彩表现给了英格兰队致命一击，阿根廷队在点球大战以4∶3获胜，晋级1/4决赛。

击败英格兰队之后，阿根廷队又迎来了荷兰队的挑战。

这场比赛的形势同样非常胶着，两队都早早地取得了进球。帕特里克·克鲁伊维特在比赛进行到第12分钟时为荷兰队取得领先优势，克劳迪奥·洛佩斯则在5分钟后就为阿根廷队扳平了比分。

到了下半场比赛，进球被红牌取代，两支球队都被罚下一人，在都剩十人作战的情况下，荷兰队笑到了最后。比赛的最后时刻，丹尼斯·博格坎普献上了精彩的表演，凭借精湛的技术击败了后卫阿亚拉和门将罗阿，将荷兰队送入半决赛的同时，淘汰了阿根廷队。

1998年世界杯中阿根廷队的表现，让人很难对其做出评价。

就像阿根廷队在预选赛一样，八强的成绩不算差，但也绝对称不上好。至于帕萨雷拉所建立的这种全新文化，确实让阿根廷队变得顽强了一些，但阿根廷足球中的灵感和想象力也因此大打折扣。

这是阿根廷队想要的样子吗？随着帕萨雷拉在世界杯后宣布辞职，这个答案已经不重要了，重要的是阿根廷队即将迎来的下一位主帅。

第五章　难以打破的魔咒

这位新帅的名字叫作马塞洛·贝尔萨。

和帕萨雷拉相比，贝尔萨没有像帕萨雷拉那样出色的球员生涯，但在教练这个岗位上，贝尔萨显然有着更为成功的经历。

自从1990年开始执教阿根廷的纽维尔老男孩队以来，贝尔萨的足迹遍布阿根廷、墨西哥、西班牙，并且带领不同的球队取得了多个冠军。

更重要的是，贝尔萨在执教中逐渐发展出了一套以压迫和进攻为重点的战术打法，这种战术打法极具观赏性，但对球员的要求也很高。在理想情况下，这种战术打法可以同时在表现和成绩上做到完美。

或许正是因为这一点，贝尔萨打动了阿根廷足协。在没有了马拉多纳这样的球星的情况下，阿根廷队确实需要找到一种办法来让自己的比赛变得有趣起来。

尤其是在经过帕萨雷拉的时代后。

2002年世界杯预选赛中，阿根廷队充分展现了贝尔萨的特殊战术的威力。

在整整18场预选赛中，阿根廷队获得了13胜4平1负的傲人战绩，毫无悬念地排在积分榜头名，获得第二名的厄瓜多尔队的积分比阿根廷队要少了足足12分。

阿根廷队

凭借这一战绩，贝尔萨收获了外界的交口称赞。阿根廷队的表现也相当出色，在贝尔萨打造的特殊的"343"阵形里，中场球员贝隆、后卫阿亚拉、前锋奥尔特加和克雷斯波等球员是贝尔萨战术中的关键球员。

更让阿根廷队球迷满意的是，在执教阿根廷队期间，贝尔萨一直住在阿根廷队的训练基地。贝尔萨每天都在那里度过，以便将最多的时间投入到工作中，哪怕到了深夜，人们也经常可以看到贝尔萨在一边慢跑，一边用耳机和助理教练讨论战术。

◆ 正确的路在何方

这种勤劳并没有为阿根廷队带来最好的结果。

1999年美洲杯，阿根廷队依然没能从1/4决赛中晋级，但在以1∶2输给巴西队的这场比赛里，阿根廷队的运气着实不佳，阿根廷队球员马丁·巴勒莫一个人就罚丢了三个点球，阿亚拉也罚丢了一个点球。

真正的打击还是出现在2002年世界杯上。

小组赛阶段，阿根廷队和英格兰队、瑞典队、尼日利亚队被分在一组。首场比赛中，阿根廷队以1∶0小胜尼日利亚队，依然是由巴蒂斯图塔打进了唯一的进球，然而在第二场比赛中，阿根廷队便以0∶1输

第五章　难以打破的魔咒

给了英格兰队，贝克汉姆用制胜球完成了其和英格兰队对阿根廷队的复仇。

为了晋级淘汰赛，贝尔萨和阿根廷队面临着无论如何都要战胜瑞典的压力，但贝尔萨发现自己还面临着来自媒体的压力，因为外界对于阿根廷队对阵英格兰队时的表现相当不满。

贝尔萨没有听从外界的指令，这使得阿根廷队虽然控制住了比赛，但安德斯·斯文森还是帮助瑞典队率先取得了进球。这个比分迫使贝尔萨尝试用换人来扳回局势，但并未奏效，阿根廷队最终还是依靠球员的个人能力制造了一个点球机会，通过这个机会才扳平了比分。

然而，这个比分为1∶1的平局足以让瑞典队从小组出线，却不足以让阿根廷队晋级淘汰赛。

预选赛阶段的强势和正赛阶段的孱弱，这两种表现都来自阿根廷队。

这种巨大的反差，让贝尔萨在世界杯后遭到了外界铺天盖地的批评，然而阿根廷足协并没有做出换帅的决定，选择了支持贝尔萨。

即便如此，这次世界杯依然给贝尔萨个人带来了深远的影响，在阿根廷队被淘汰后，贝尔萨在自家的乡间别墅里自我隔绝了几个月的时间。

回到球队之后，阿根廷队的比赛任务是2004年美洲杯。在这届美洲杯上，阿根廷队打出了久违的强势状态，在小组赛阶段突出重围

阿根廷队

之后，阿根廷队在淘汰赛相继战胜了秘鲁队、哥伦比亚队，却在决赛再次遭遇了巴西队。

两支球队在常规时间内打得难解难分，最终以比分为2∶2的平局进入了点球大战。贝尔萨的阿根廷队还是倒在了点球点上，以2∶4的点球大战结果输掉了这场决赛。

与此同时，阿根廷队也开始了2006年世界杯预选赛的征程。

这一次阿根廷队没有了上一次的强势表现，前8场比赛中，阿根廷队取得了4胜3平1负的战绩。然而在以3∶1战胜秘鲁队之后，贝尔萨出于个人原因，出人意料地决定辞去阿根廷队主帅一职。

这一决定让阿根廷足协也惊讶不已，但阿根廷足协没用多长时间就找到了继任者，他便是率领阿根廷U20队三度夺得国际足联世界青年足球锦标赛冠军的佩克尔曼。

继1995年和1997年之后，佩克尔曼率领球队在2001年国际足联世界青年足球锦标赛再次获得了冠军。

佩克尔曼与阿根廷队的不少球员都很熟悉，包括罗曼·里克尔梅、卡洛斯·特维斯等人，所以将帅之间颇为默契，这让佩克尔曼在阿根廷队的首秀相当完美，阿根廷队在主场以4∶2战胜了乌拉圭队。

在预选赛的后10轮比赛中，佩克尔曼带领阿根廷队打出了6胜1平3负的战绩，最终阿根廷队以第二名的成绩晋级2006年世界杯正赛。

第五章　难以打破的魔咒

小组赛阶段，阿根廷队与荷兰队、科特迪瓦队、塞尔维亚和黑山队（简称"塞黑队"）被分在一组。首场比赛中，阿根廷队凭借克雷斯波和哈维尔·萨维奥拉的进球，以2∶1击败了科特迪瓦队，为自己开了一个好头。

第二场比赛中，阿根廷队彻底打开了进球账户，从比赛的开局阶段到比赛临近结束，一直在收获进球，最终以6∶0的大比分横扫塞黑队。

小组赛的前两场有这样的表现和成绩，让阿根廷队不必再担心能否出线。小组赛的最后一场，阿根廷队与荷兰队互交白卷，两支球队也分列小组第一、第二名，携手出线。

然而和前任们一样，佩克尔曼的阿根廷队在淘汰赛阶段也步履维艰。

1/8决赛，阿根廷队艰难地以2∶1战胜了墨西哥队，两支球队的第一球在比赛开始的10分钟内就全部打进，而帮助阿根廷队取得比赛胜利的第二球，直到加时赛才出现。马克西米利亚诺·罗德里格斯的进球将阿根廷队带入下一轮。

1/4决赛，阿根廷队遭遇东道主德国队。这场比赛注定艰难，但阿根廷队从上半场就开始控制球权，不过阿根廷队对德国队门将延斯·莱曼没有构成太多威胁。比赛进行到第49分钟时，阿亚拉头球破门，让阿根廷队取得领先优势，从那时起，德国队开始向阿根廷队施

阿根廷队

压,直至比赛进行到第80分钟时,米洛斯拉夫·约瑟夫·克洛泽扳平比分,1∶1的比分一直到加时赛结束都没有变化。

点球大战上,阿亚拉和埃斯特班·坎比亚索都罚丢了点球,德国队则四罚全中,阿根廷队再次因此输掉了比赛。

输给德国队之后,佩克尔曼宣布辞职。

虽然阿根廷足协主席格隆多纳试图劝阻佩克尔曼,但劝阻并没有起到作用,佩克尔曼去意已决,阿根廷队需要重新翻开一页。

自从马拉多纳离开之后,阿根廷队再也没能找到正确的前进道路。

阿根廷队并不缺少优秀的球员,但不管是作风强硬的帕萨雷拉,还是细致入微的贝尔萨,抑或与球员关系和睦的佩克尔曼,都无法让阿根廷队变成一支真正能打硬仗的球队。

然而,新的时代已经悄然来到。2006年世界杯上,佩克尔曼带上了一位只有19岁的年轻球员。这位年轻球员在对阵塞黑队的比赛中替补上场,成为代表阿根廷队参加世界杯的最年轻的球员。在这场比赛中,这位年轻球员还打进了阿根廷队的第6球,成为2006年世界杯上最年轻的进球球员。

这位年轻球员的名字,叫作利昂内尔·梅西。

第六章

倔强的梅西时代

阿根廷队需要一个新的马拉多纳,梅西被认为是最有希望达到这一高度的球员。

——引语

阿根廷队

◆ 登场亮相，"球王"传人

2006年世界杯之后，佩克尔曼辞职的决定并没有让其逃过被批评的命运。

其中一个批评的角度，是很多阿根廷队球迷都认为佩克尔曼让梅西在对阵德国队的比赛中枯坐替补席的决定是错误的，阿根廷队球迷认为梅西如果登场，就可以改变比赛结果，从而让阿根廷队晋级下一轮。

其实从理性角度来说，阿根廷队球迷也知道很难指望一名19岁的年轻球员来扭转阿根廷队的颓势，然而从感性角度而言，很多阿根廷队球迷都愿意让梅西一试。

因为在马拉多纳之后，梅西可能是众多被赋予"新马拉多纳"称号的年轻球员中，最像马拉多纳的一位。

1987年6月24日，梅西出生在阿根廷的罗萨里奥。

和马拉多纳的贫穷背景不同，梅西的家境则要好得多。梅西从小在一个关系紧密、热爱足球的家庭中长大，所以梅西经常和几个哥哥一起踢球，从那时起便展现出了极高的足球天赋。

第六章　倔强的梅西时代

在外祖母的陪同下，梅西逐渐走向社会，开始与其他陌生的、比他年龄更大的孩子一起踢球。虽然在场边维持秩序的教练经常以梅西年龄太小、身高不足为由，拒绝梅西的登场请求，但在外祖母的帮助下，梅西总能获得机会。

6岁那年，梅西就加入了从小支持的纽维尔老男孩队。梅西所在的少年队在同年龄段的比赛中几乎无人能敌，梅西的个人表现也非常出色，所以在一线队的比赛的中场休息期间，这支少年队的球员经常被要求表演球技来取悦场边的观众。

然而在10岁那年，梅西的职业生涯险些中断。

1997年，梅西被诊断出患有生长激素缺乏症，这解释了其始终比同年龄段的球员要更加矮小的原因。

医生给出的治疗方法是梅西需要定期从体外注射生长激素，而这种生长激素相当昂贵，每月都需要至少花费1000美元，这对于梅西的家庭来说，依然是一笔相当巨大的花销。

于是，梅西的家庭开始寻求俱乐部的力量来解决梅西的问题。然而，不管是纽维尔老男孩队，还是阿根廷豪门河床队，都对梅西的未来抱有一定的怀疑，梅西的家庭则开始将视线转往海外。

梅西的父亲有意大利和西班牙的血统，家中还有在西班牙加泰罗尼亚地区生活的远房亲戚，所以梅西在亲戚的帮助下，于2000年9月

阿根廷队

来到加泰罗尼亚地区的巴萨队试训。

经过试训,俱乐部的体育总监卡洛斯·雷克萨奇想立即签下梅西,但俱乐部的董事会犹豫不决。在当时,欧洲俱乐部签下如此年轻的外籍球员并不常见,更何况签下梅西就意味着要承担梅西的治疗费用。

2000年12月14日,梅西的父亲向巴萨队发出了最后通牒,否则梅西就将前往其他俱乐部试训,雷克萨奇手头上没有其他文件,便在餐巾纸上提供了一份合同。

2001年2月,梅西全家搬到巴塞罗那,搬进了诺坎普体育场附近的一套公寓内。

在西班牙的第一年,由于与纽维尔老男孩队的合同还没有解决,梅西无法参加巴萨少年队的正式比赛,只能参加友谊赛和加泰罗尼亚地区联赛。

没有足球,梅西就很难融入俱乐部,加之梅西生性内向,非常安静,以至于梅西的队友最初都认为梅西是个哑巴。

直至2002年2月15日,梅西的合同纠纷得到解决,从而正式在西班牙皇家足球协会完成了注册,成为巴萨队"拉玛西亚"青训营的注册球员,并且与同年龄的塞斯克·法布雷加斯和杰拉德·皮克成为朋友。

第六章 倔强的梅西时代

这个时候，梅西也完成了生长激素注射的治疗流程。

2002—2003赛季，梅西在其第一个完整赛季中为14岁以下青年队出战31场比赛，攻入38球，成为最佳射手，并史无前例地帮助球队夺得了联赛、西班牙杯和加泰罗尼亚杯的冠军。

鉴于梅西在同年龄段比赛中已经毫无压力，巴萨队在2003—2004赛季不断上调梅西的位置，这让梅西有了在一年内为4支青年队出场比赛过的经历，甚至还被上调至一线队担任陪练。

从那个时候开始，梅西就给一线队球员留下了深刻的印象，因为梅西可以轻而易举地过掉主力后卫。在这段时间里，梅西开始为巴萨C队和B队效力，但一线队球员普遍认为梅西已经足以在正式比赛中出场，尽管当时的梅西依然在身体层面有一些短板。

2004年2月4日，梅西与巴萨队签署了第一份职业合同，梅西也开始努力增强自己的力量，以便能够摆脱防守球员。

2004年10月，在一线队球员的要求下，主教练弗兰克·里杰卡尔德将梅西征召入一线队，梅西从而在10月16日对阵皇家西班牙人队的比赛中替补出场，完成了在一线队的正式比赛首秀。在这个赛季临近结束时，梅西在对阵阿尔巴塞特队的比赛中攻入了其在一线队的处子球，成为当时巴萨队历史上最年轻的进球球员。

阿根廷队

◆ 初出茅庐，展露锋芒

不过，在阿根廷队，梅西获得了更早的重视。

由于具有阿根廷和西班牙的双重国籍，梅西也可以为西班牙队效力，所以在2003年，当巴萨队体育总监雷克萨奇向西班牙皇家足球协会通报了球队的年轻球员后，西班牙U17队就开始邀请梅西加入。

但是梅西拒绝了这一提议，因为其从小就渴望代表阿根廷队效力。为了进一步阻止西班牙队带走梅西，阿根廷足协在时任阿根廷U20队主教练乌戈·托卡利的建议下，于2004年6月组织了两场青年队的友谊赛，分别对阵巴拉圭队和乌拉圭队，目的就是锁定梅西作为阿根廷队球员在国际足联的归属权。

6月29日，17岁的梅西在对阵巴拉圭队的比赛中首次代表阿根廷U20队出场，打进一球的同时送上两次助攻，帮助阿根廷队以8∶0大胜对手。

2005年国际足联世界青年足球锦标赛，这是梅西第一次为阿根廷足球做出贡献。梅西在第一场对阵美国U20队的比赛中没有首发出场,阿根廷队也以0:1失利。比赛结束后,其他球员纷纷请求主教练弗朗西斯科·费拉罗让梅西进入首发名单,因为大家一致认为梅西是最好的球员。在帮助阿根廷U20队击败埃及U20队和德国U20队之后,梅西在淘汰赛中发挥了决定性作用。

梅西先是在对阵哥伦比亚U20队的1/8决赛打进了扳平比分的一球,随后又在1/4决赛对阵夺冠热门西班牙U20队时打进阿根廷队的第三球。半决赛,阿根廷U20队遭遇巴西U20队,梅西帮助阿根廷U20队首开纪录。

在最后的决赛中,阿根廷U20队以2:1战胜尼日利亚U20队,梅西在比赛中梅开二度,帮助阿根廷U20队第五次夺得这项赛事的冠军,并以6球荣膺本届赛事的最佳射手和最佳球员。

◆ 天才遇阻,艰难前行

同为身材矮小的左脚球员,又同样以出色的表现帮助阿根廷U20队夺得冠军,因此,梅西很快开始被舆论拿来与马拉多纳相提并论,这无疑拉高了外界对梅西的期待。

为了表彰梅西在阿根廷U20队所取得的成就,佩克尔曼在2005年

阿根廷队

8月17日首次征召梅西参加阿根廷队对阵匈牙利队的友谊赛。

然而在这场比赛中,梅西在比赛进行到第63分钟时替补登场,2分钟后就因对匈牙利队球员维尔莫斯·万恰克犯规而被直接罚出场外,梅西在试图摆脱万恰克时用手臂击打了对手,而裁判将这个动作解释为故意肘击。

根据媒体的报道,被罚下后,梅西在更衣室里流下了眼泪。

虽然在阿根廷队的首秀充满波折,但梅西在阿根廷队的生涯并未受到影响。

2006年世界杯预选赛上,梅西在阿根廷队对阵秘鲁队的预选赛中首发出场,并赢得了关键的点球,从而确保了阿根廷队的胜利。此后在2006年,梅西开始稳定为阿根廷队出场,这让其获得了参加2006年世界杯的机会。

然而,在2006年世界杯中,梅西仅仅获得了三次出场机会,其中两次都是替补出场,尤其是在对阵德国队的比赛中梅西没有得到出场机会,这让球迷为梅西愤愤不平,但也体现了球迷对梅西的无限期待。

阿根廷队需要一个新的马拉多纳,梅西被认为是最有希望达到这一高度的球员。

2006年世界杯结束之后,巴西莱重新执掌阿根廷队。

第六章 倔强的梅西时代

2007年美洲杯是阿根廷队进入全新时代的第一场大考。小组赛阶段，阿根廷队和巴拉圭队、哥伦比亚队，以及被邀请参赛的美国队被分在一组，在此阶段阿根廷队取得了三场全胜的战绩，从而晋级淘汰赛，但梅西在小组赛阶段没有斩获任意一球。

进入淘汰赛阶段，梅西开始为球队建功。1/4决赛，阿根廷队以4∶0大胜秘鲁队，梅西打进了比赛中的第二球。半决赛上，梅西再次进球，帮助阿根廷队以3∶0战胜了墨西哥队。

决赛之前，阿根廷队被视为夺冠的最大热门，因为阿根廷队保持全胜，并且在5场比赛里打进了16球，进攻力相当惊人。然而在决赛中，阿根廷队的表现让人大跌眼镜。

比赛开始仅4分钟，巴西队就首开纪录。此后的比赛中，阿根廷队虽然掌握控球权，但始终无法威胁到巴西队的球门，而巴西队则屡屡通过反击制造进球良机，再进两球，最终以3∶0击败了阿根廷队。

在决赛中出人意料地以0∶3输给了球星匮乏的巴西队，阿根廷队的失利在阿根廷引发了很多批评，然而大多数的批评声都集中在了里克尔梅等成熟球员的身上，梅西则由于年龄较小而幸免，甚至还被南美足联评为本届美洲杯最佳年轻球员。

虽然阿根廷队在2007年美洲杯上没能取得好成绩，但在2008年，梅西帮助阿根廷国奥队夺得了北京奥运会男足金牌。

阿根廷队

虽然在赛事开始前，巴萨队并不允许梅西参赛，但在梅西的坚持下，巴萨队还是做出了让步。梅西在北京奥运会足球赛事中打进2球，送出3次助攻，其中一次助攻便发生在决赛中，梅西助攻安赫尔·迪马利亚打入了全场的唯一进球，帮助阿根廷队以1∶0夺冠。

然而，就在梅西在北京奥运会上帮助阿根廷国奥队夺得金牌的两个月后，阿根廷队却发生了重大变化。

2008年10月16日，在阿根廷队以0∶1输给智利队之后，阿根廷队在2010年世界杯预选赛落后头名的巴拉圭队多达7分，一时间巴西莱被推上风口浪尖，于是提出辞职。

在这10轮预选赛里，阿根廷队总计取得了4胜4平2负的战绩，但在2007年11月20日到2008年10月15日的漫长时间里，阿根廷队仅仅取得了1胜4平2负的战绩，梅西也只打入两球。

巴西莱辞职之后，经过半个月的遴选，阿根廷足协终于找到了巴西莱的继任者。新帅不是别人，正是马拉多纳。

自从退役之后，马拉多纳并未选择在教练一职上深耕，其为数不多的执教经历也是断断续续的，所以阿根廷足协选择马拉多纳让人非常惊讶。

唯一合理的解释，就是阿根廷足协希望马拉多纳能激发出梅西的最佳状态，从而让梅西带领阿根廷队在南非世界杯上取得优异的

第六章　倔强的梅西时代

战绩。

然而，这样的想法着实比较稚嫩，这一点从马拉多纳上任之后的战绩中就可见一斑。马拉多纳接手阿根廷队之后的后8场预选赛里，阿根廷队仅仅获得了4胜4负的战绩，最终排在积分榜第四名，只比需要参加附加赛的乌拉圭队高出4分。

不过，在马拉多纳接手阿根廷队后的第一场预选赛前，梅西就迎来了对他有着里程碑意义的一刻——他穿上了马拉多纳曾穿过的阿根廷队10号球衣。

就此，梅西确立了自己在阿根廷队的核心地位，只不过，被树立为核心的梅西也没能帮助阿根廷队打出足够令人信服的表现，这使得阿根廷媒体开始对马拉多纳的执教能力产生怀疑，批评声也开始出现。

阿根廷队晋级后，脾气暴躁的马拉多纳在赛后现场新闻发布会上直接爆发，对媒体记者口出不逊，从而招致了国际足联的罚单，于是马拉多纳被禁止参加所有足球活动两个月，并被处以2.5万瑞士法郎的罚款。

阿根廷队

◆ 世界之巅，一步之遥

梅西发挥不佳，阿根廷队也是一样，大家都急需改变。

2010年世界杯，有消息称马拉多纳曾经向梅西征求了战术打法上的意见，而梅西向马拉多纳提出使用"4312"阵形，将自己放置在两名前锋身后的前腰位置上。

这是梅西在被时任巴萨队教练里杰卡尔德改造成右边锋之前最喜欢的场上位置。

虽然这一消息未经证实，但阿根廷队在2010年世界杯的确如此行事。小组赛的首战中，梅西在前腰位置上表现亮眼，多次威胁尼日利亚队的球门，但没有收获进球，最终阿根廷队依靠加夫列尔·海因策的进球，以1∶0击败了尼日利亚队。

此后的两场比赛中，阿根廷队同样收获了胜利，分别战胜了韩国队和希腊队。梅西的表现同样不俗，但依然没有取得进球。

小组赛阶段，梅西唯一的收获是在对阵希腊队的第三场小组赛中戴上了队长袖标，成为阿根廷队历史上最年轻的队长。

然而，到了更加激烈的淘汰赛阶段，阿根廷队的问题开始暴露。

第六章 倔强的梅西时代

为了保障梅西的发挥，马拉多纳在中场使用了太多不擅长防守的球员，这使得阿根廷队一旦进攻不顺，就没有足够的力量来遏制对手的反击，这一问题在对阵墨西哥队的1/8决赛中就已显现，但阿根廷队还是以3∶1战胜了墨西哥队。

不过在比赛中，特维斯的一个明显处于越位位置的进球被裁判认定有效，这一球显然改变了比赛的形势。

阿根廷队在对阵墨西哥队时运气不错，但这并不意味着运气会一路随行。1/4决赛，阿根廷队以0∶4被德国队击败。这是自1974年以来，阿根廷队在世界杯赛场上最惨重的一次失利。

阿根廷队就此结束了2010年世界杯的征程。

2010年世界杯的这般表现，让阿根廷队、梅西和马拉多纳都成为众矢之的。

输给德国队后，马拉多纳承认其正在重新考虑自己作为阿根廷队教练的未来，并表示，"我可能明天就离开"。不过在初期，阿根廷足协曾表示将向马拉多纳提供一份新合同，让其执教至2014年世界杯，然而到了7月27日，阿根廷足协宣布其董事会一致决定不再与马拉多纳续约。

有消息称，阿根廷足协与马拉多纳续约的条件是马拉多纳需要接受其教练组成员将被替换，但马拉多纳不愿接受这一点，于是双方

阿根廷队

没有达成一致。

相较于马拉多纳,梅西则受到了更严厉的批评。作为公认的世界上最好的球员之一,梅西曾被期望带领一支平庸的阿根廷队夺得冠军,就像马拉多纳在1986年世界杯上所做的那样,但梅西未能在阿根廷队复制其在巴萨队的表现,这导致人们指责梅西更关心巴萨队,而不是阿根廷队。

阿根廷队球迷的愤怒不是毫无道理的。梅西帮助巴萨队在2009年夺得了球队参加的所有赛事的冠军,而梅西个人也获得了包括金球奖、世界足球先生、欧足联年度最佳球员等个人奖项。

哪怕是在表现没有那么完美的2010年,梅西也获得了西甲冠军这一重要荣誉。

然而,阿根廷队球迷所说的"梅西不关心阿根廷队",深深地伤害到了梅西的内心,毕竟在当年可以自主选择的时候,是梅西主动选择了为阿根廷队效力。

阿根廷足协并没有改变既定方针,将依靠梅西让阿根廷队取得成功的思路坚持了下去。这一点在阿根廷队新帅的选拔上也继续体现,塞尔希奥·巴蒂斯塔成为阿根廷队最新一任主教练。

而巴蒂斯塔正是在2008年夺得金牌的阿根廷国奥队教练。

这显然是一步让梅西和阿根廷队重新找到2008年奥运会的感觉

第六章 倔强的梅西时代

的棋，但在3年之后的2011年美洲杯上，阿根廷队并没有如愿。

2011年美洲杯中，作为东道主的阿根廷队在小组赛阶段就表现不佳，1胜2平的战绩使得阿根廷队晋级淘汰赛都变得相当惊险。进入淘汰赛之后，阿根廷队以1∶1战平乌拉圭队，最终在点球大战中输给对手，止步八强。

这一成绩让阿根廷足协相当不满，于是巴蒂斯塔在美洲杯结束后便被解雇，其执教阿根廷队的时间不足一年。

巴蒂斯塔被解雇后，亚历杭德罗·萨维利亚接任阿根廷队教练一职。

美洲杯结束，阿根廷队的比赛任务便是2014年世界杯预选赛。这届世界杯在巴西举办，所以巴西队无须参加预选赛，因此，对于阿根廷队来说，预选赛的难度有所降低，这让萨维利亚有了充分的时间来考察球员、设计战术。

2011年8月上任后，萨维利亚将队长职务正式授予24岁的梅西，而且在对球队的进一步重新设计中，萨维利亚逐渐结束了特维斯——这位也曾被称为"新马拉多纳"的球员在阿根廷队的职业生涯，从而引进了曾与梅西一起赢得世青赛和奥运会的球员。

最重要的是，萨维利亚为阿根廷队内部创造了一个气氛相当融洽的环境，这是萨维利亚最擅长做的事情。

阿根廷队

成为战术和精神上的双重核心后,梅西在阿根廷队的表现逐步提升。

2012年,梅西为阿根廷队在9场比赛中攻入12球,追平了巴蒂斯图塔保持的单一自然年中代表阿根廷队参赛的进球纪录。

而在重要的世界杯预选赛上,梅西总计打进了10球,帮助阿根廷队在16场比赛中,取得了9胜5平2负的战绩,以第一名的成绩晋级2014年世界杯正赛。

梅西的个人表现逐步提升,阿根廷队也因此受益,梅西与阿根廷队球迷的关系也在这个过程中得到了改善,但这也意味着阿根廷队球迷将会重新期待梅西和阿根廷队在2014年世界杯的表现。

2014年世界杯小组赛中,阿根廷队与尼日利亚队、波黑队、伊朗队被分在一组。

小组内的对手都不算强,这一点有利于阿根廷以轻松的状态晋级淘汰赛,但比赛并不好打,阿根廷队想要取胜,都需要击破对手布下的严密防守。

小组赛的第一场中,梅西表现出色。梅西先是在比赛开局阶段制造了对手的乌龙球,随后又在比赛进行到第65分钟时打进一球,从而帮助阿根廷队以2:1击败了波黑队。

对阵伊朗队的第二场小组赛,同样是一场相当艰难的比赛。阿根

第六章 倔强的梅西时代

廷队在比赛临近结束时才打进一球，进球球员正是梅西，阿根廷队从而以1∶0获胜，确保了进入淘汰赛的资格。

小组赛的最后一场比赛中，阿根廷队和尼日利亚队奉献了一场进球大战，梅西和尼日利亚队球员艾哈迈德·穆萨相继上演梅开二度，最终，马科斯·罗霍的进球让阿根廷队以3∶2击败对手，取得胜利。

小组赛中取得三连胜，梅西表现出色，阿根廷队的前景一片大好。

然而，进入淘汰赛阶段，阿根廷队开始陷入苦战。1/8决赛对阵瑞士队，阿根廷队和对手一直鏖战到比赛第118分钟才分出胜负，梅西助攻迪马利亚打进了制胜一球。1/4决赛，阿根廷队则凭借冈萨洛·伊瓜因在第8分钟的进球，顶住比利时队在比赛余下的82分钟里的猛攻才晋级半决赛。

半决赛对阵荷兰队时，阿根廷队没能收获进球，但也没有丢球。阿根廷队与荷兰队一直僵持，最后不得不通过点球大战来分出胜负，这一次阿根廷队四罚全中，从而战胜了荷兰队。这是自1990年以来，阿根廷队时隔24年再次闯入世界杯决赛。

决赛，阿根廷队的对手是德国队。

这场决赛被宣传为"梅西对阵德国队，世界上最好的球员对阵世界上最好的球队"。

阿根廷队

比赛局势一如宣传所言，梅西在比赛中获得了多次可以为阿根廷队首开纪录的机会，伊瓜因等队友也曾有过好机会，但阿根廷队没能把握住这些良机。德国队则在出现多次失误的情况下，通过换人调整改善了自己的表现，而且随着比赛时间的流逝，体能更为充足的德国队逐渐占据了比赛的上风。

尤其是进入加时赛之后，德国队开始获得更多的控球权，而阿根廷队被迫回落，正当比赛即将通过点球大战决出胜负之际，德国队球员马里奥·格策接到安德烈·许尔勒的传球，在比赛进行到第113分钟时，攻入了这场比赛的唯一进球。

距离冠军奖杯如此之近，却无法将其揽入怀中，梅西和阿根廷队在2014年经历了一个无比悲伤的夏天。

这当然是一个令人无比遗憾的结果，但相比此前的梅西与阿根廷队，外界都认同梅西和阿根廷队有了长足的进步，而时间还久，一切都还有机会。

然而，这种遗憾只是一个开始。

2014年世界杯结束之后，萨维利亚选择辞职，曾经在巴萨队与梅西有过合作的赫拉多·马蒂诺成为阿根廷队新帅。

在梅西发生蜕变、阿根廷队逐渐变好、萨维利亚已经打下了坚实基础的情况下，阿根廷队开始冲击2015年美洲杯。

第六章 倔强的梅西时代

小组赛阶段，阿根廷队取得2胜1平的战绩，以小组第一的名次晋级淘汰赛。

1/4决赛，阿根廷队与哥伦比亚队打得难解难分，以0∶0进入点球大战环节，甚至在这一阶段，两支球队都战至第七轮才分出胜负。最终，阿根廷队在点球大战中以5∶4晋级半决赛。

半决赛，阿根廷队反倒收获了一场酣畅淋漓的胜利，以6∶1横扫巴拉圭队，然而这场比赛的轻松取胜错误地给了阿根廷队一个希望。

决赛对阵智利队时，阿根廷队面对这支从来没有夺得过美洲杯冠军的球队，并没有展现出夺冠经验丰富的优势。

在比赛中，阿根廷队面对智利队的防守毫无办法，又始终无法给智利队施加足够的压力，于是在比分依旧为0∶0的加时赛结束后，阿根廷队和智利队在点球大战中分出胜负。梅西是唯一罚进点球的阿根廷队球员，而智利队全部罚中，于是阿根廷队在一年之内再次饮恨国际大赛的决赛。

随着阿根廷队继续着自1993年开始的"冠军荒"，世界杯和美洲杯的连续失利也引起了阿根廷媒体和球迷对梅西的强烈批评。

2016年，恰逢美洲杯举行一百周年和南美足联成立一百周年，南美足联特意在这一年举行了一届特别版的美洲杯赛事，被称为"百年

阿根廷队

美洲杯"。

虽然这项赛事的确是美洲杯的官方赛事，但由于赛事的纪念性质，获胜球队不会得到参加2017年国际足联联合会杯的资格，然而对于在前一年失败的阿根廷队来说，这依然是一个打破"冠军荒"的完美机会。

有趣的是，阿根廷队和智利队被分在了一组，同组的对手还有巴拿马队和玻利维亚队。首场比赛中，阿根廷队就以2∶1战胜了智利队，从而为前一年的输球成功复仇。此后的两场比赛中，阿根廷队分别以5∶0和3∶0战胜了巴拿马队和玻利维亚队。

阿根廷队在小组赛中的顺利，也延续到了淘汰赛阶段。

1/4决赛和半决赛，阿根廷队分别遇到了委内瑞拉队和美国队，阿根廷队在这两场比赛里都打进了四球，只丢了一球，从而以非常轻松的方式就进入了这届美洲杯的决赛。

在决赛中，阿根廷队再次遇到了智利队。阿根廷队在小组赛阶段取得胜利的方法，到了决赛却完全失效。

和去年一样，这场比赛又变得非常势均力敌。相较于没有进球入账，双方在红牌上反而都有"斩获"，在加时赛结束时，两支球队都只剩下十人作战。

在这一次的点球大战中，梅西第一个出场便罚丢，这为阿根廷

第六章 倔强的梅西时代

队的失败埋下了伏笔。虽然智利队也有罚丢,但阿根廷队球员卢卡斯·罗德里戈·比格利亚的再次罚丢,让阿根廷队以2∶4输掉点球大战,再次倒在了奖杯旁边。

从2007年美洲杯开始算起,这已经是梅西在阿根廷队参加的第4次大赛决赛,而4次全部以失败告终。

这个结果不仅给梅西本人带来了最大的痛苦,也引发了梅西和阿根廷队球迷之间的巨大矛盾,梅西饱受外界批评,连他的家人都被这种敌意波及。

4次决赛的失败让梅西心生绝望。梅西甘愿接受自己的阿根廷队生涯是失败的,也甘愿接受自己在阿根廷队的地位无法达到马拉多纳的高度。

于是在输掉比赛之后,梅西在赛后通道面对媒体和记者,宣布决定退出阿根廷队:

"我的国家队生涯已经结束,我做了这个决定,为了我自己,也为了很多希望如此的人。我非常努力地去尝试,想和阿根廷队一起获得冠军,但不幸的是,结果并非如此。"

消息一出,震惊了世界足坛。

不仅梅西在阿根廷队的教练和队友在劝说他收回这一决定,就连对手都在劝说梅西。时任乌拉圭队队长的迭戈·戈丁要到梅西

阿根廷队

的电话号码,前者在电话中告诉梅西:"作为对手,为了我所在的球队的利益,我当然希望你不要继续在阿根廷队踢球。但我要说的是,这样做将是足球的损失,每个人都想看你继续踢球,就连我们这些对手也一样。"

第七章

梅西的绽放时代

梅西实现了自己的梦想,也将阿根廷队再次送上了世界之巅。

——引语

阿根廷队

◆ 寻梦之路，重新起航

梅西宣布退出阿根廷队之后，阿根廷人终于意识到这件事情有多么可怕。

当球队所乘坐的航班降落在布宜诺斯艾利斯时，球迷就打出了"别走，里奥（梅西的昵称）"的标语。时任阿根廷总统毛里西奥·马克里也敦促梅西不要退出阿根廷队，"在我们这样的足球国家，拥有世界上最好的球员是上帝的恩赐"。布宜诺斯艾利斯市长奥拉西奥·罗德里格斯·拉雷塔在首都为梅西的雕像揭幕时，也在隔空喊话，说服梅西重新考虑。

球迷层面上，一场场的规劝行动也在阿根廷首都的街道各处进行着。仅在2016年7月2日，就有5万余名阿根廷队球迷前往布宜诺斯艾利斯的方尖碑所在的共和国广场，希望梅西能够改变自己的想法。

很显然，在梅西被猛烈批评数年之后，其他的阿根廷队球迷打破了自己的沉默。

重新感受到外界的温情之后，梅西也重燃希望。

第七章 梅西的绽放时代

就在梅西宣布退出阿根廷队的一周后,就有阿根廷媒体称,梅西正在重新考虑代表阿根廷队参加9月份开始的2018年世界杯预选赛。

2016年8月,梅西发表了声明,他表示:"在美洲杯决赛结束时,我的脑子里一片混乱,当时我确实只想退出。但我一直深爱着我的国家和身上的这件球衣。我想感谢那些想要我继续为阿根廷踢球的人,我希望那些退出的球员也能和我一起回归,并努力为阿根廷人带来快乐。"

除了感谢支持他的球迷之外,梅西也表达了自己的心意:"我选择回来,是因为我深爱我的国家,深爱着这件球衣。"

就像梅西在声明中所说的,阿根廷队存在着不少问题。这些问题当然并不都是由梅西所导致的,所以在梅西回归之后,问题也不会全部得到解决。

梅西回归之后,阿根廷队的新帅也最终出炉,埃德加多·巴乌萨成为阿根廷队的新任主帅,而巴乌萨的主要任务就是带领阿根廷队获得2018年世界杯的参赛资格。

马蒂诺带队时,前6轮比赛里阿根廷队取得了3胜2平1负的战绩,而在巴乌萨带队的8轮比赛中,阿根廷队取得了3胜2平3负的战绩。

第14轮比赛,阿根廷队在客场以0:2不敌玻利维亚队,这成为压

阿根廷队

倒巴乌萨的最后一根稻草。

在阿根廷队主帅的位置上，巴乌萨只会成为一个过客，但巴乌萨不是唯一的过客。

巴乌萨被解雇之后，豪尔赫·桑保利被阿根廷足协任命为阿根廷队新任主帅。

桑保利根本没有时间组建球队和打造战术，因为阿根廷队的出线形势岌岌可危，而留给桑保利逆转局势的机会只有最后四场比赛。

前三场比赛中，阿根廷队全部与对手战平，于是所有的希望都压在了最后一场比赛——客场对阵厄瓜多尔队的比赛。

由于厄瓜多尔队已经无缘晋级，所以厄瓜多尔队派出了一支以年轻球员为主的球队，这让阿根廷队的比赛难度有所降低，但沉重的比赛压力不会有丝毫的变化。就在这个时候，梅西用一个帽子戏法帮助阿根廷队取得了比赛的胜利，从而拿到了2018年世界杯的参赛资格。

这根本不是多么值得庆祝的成绩，但对于内外交困的阿根廷队来说，这一切却显得来之不易。

所以，这次晋级为阿根廷队带来了一些士气上的增长，但在真正的对手面前，这些提升却会变得微不足道，就比如在2018年3月的比赛中，阿根廷队以1∶6不敌西班牙队。

由于阿根廷队在预选赛中表现不佳，被西班牙队彻底击溃，再加

第七章 梅西的绽放时代

上梅西的身体也不在最佳状态,阿根廷队球迷对2018年世界杯的期望并不高,甚至已经做好了接受失败的心理准备。

相较于猜测阿根廷队的成绩和表现,外界更好奇2018年世界杯是否是梅西参加的最后一届世界杯。

2018年世界杯小组赛阶段,阿根廷队与克罗地亚队、尼日利亚队、冰岛队被分在一组。

首场比赛,阿根廷队就以1∶1战平冰岛队,没能击败这个小组中理论上实力最弱的球队。第二场比赛,阿根廷队更是以0∶3完败于克罗地亚队,这意味着如果想要出线,阿根廷队就必须在小组赛的最后一场中击败尼日利亚队。

在这样的情况下,阿根廷队终于拿出了背水一战的表现。在比赛进行到第14分钟时,梅西接到中场球员的长传,在跑动中两次触球,用自己并不擅长的右脚将球打进。下半场比赛中,尼日利亚队扳平比分,正当阿根廷队即将被淘汰出局之际,罗霍完成绝杀,在最后一刻为阿根廷队拿到了想要的结果。

如此进入淘汰赛,阿根廷队的前景注定不会多好,毕竟在小组赛阶段,阿根廷队队内的气氛之糟糕就已被媒体披露。

然而到了这一阶段,即便球员各行其是,也能形成一些基本的战斗力。1/8决赛对阵法国队时,在先丢一球的情况下,梅西送出两次助

阿根廷队

攻,让迪马利亚和加布里埃尔·伊万·梅尔卡多的进球一度帮助阿根廷队反超了比分,然而在短短的11分钟内,阿根廷队连丢三球,让这场比赛立刻失去了悬念。

最后时刻,塞尔希奥·阿圭罗打进了阿根廷队的第三球,但时间已经来不及了,阿根廷队最终以3∶4被法国队淘汰出局。

比赛结束后,梅西表示其不会参加9月份阿根廷队的友谊赛,而且也不太可能在2018年剩余的时间里代表阿根廷队出场。

这番表态和2018年世界杯的结果,引发了媒体对于梅西可能会再次退出阿根廷队的猜测,而在这段时间里,梅西确实在正式考虑这件事。

这段时间,梅西在阿根廷社会的威望显著低于马拉多纳,这不仅是因为梅西在国家队的表现飘忽不定,还因为其与马拉多纳在阶级、性格和背景上的差异。梅西在某些方面与马拉多纳截然相反:马拉多纳是一个外向、富有争议的人物,从贫民窟崛起,而梅西的性格则更为内敛,在足球领域之外是一个并不起眼的人。

这种性格使得梅西很少激烈地表达自己的情绪。赛前奏唱国歌的环节中,梅西几乎从不开口,而在比赛中遇到困难时,梅西也很少鼓励自己的队友,所以缺乏领导能力也是外界批评梅西的一点。

在2018年世界杯之后,对梅西的评价似乎已经定性。

第七章 梅西的绽放时代

◆ 触底反弹，追逐之路

2018年世界杯之后，桑保利的助理教练利昂内尔·斯卡洛尼被任命为临时主教练，任期只到2018年底。

阿根廷足协的原意是在这段时间内找到一位合格的主教练，但阿根廷队的乱局和紧张的财政情况，都使得原有的计划无法实现。于是在2018年底，阿根廷足协与斯卡洛尼继续合作，将斯卡洛尼的合同延长到2019年美洲杯之后。

这一决定引发了外界对斯卡洛尼的一波批评，而发出批评声的人也包括马拉多纳，马拉多纳指责阿根廷足协任命了一位"不合格"且缺乏经验的教练。任命斯卡洛尼也使得阿根廷足协被推上风口浪尖，在外界看来，这说明阿根廷足协没有对于国家队建设的明确战略。

然而，批评声没有影响斯卡洛尼的工作进度。

获得正式任命之后，斯卡洛尼和助理教练，也是梅西的偶像——艾马尔，一起找到梅西，规劝其打消退出国家队的想法，而且向梅西阐述了教练组在2019年美洲杯和未来的想法。

这让梅西在2019年3月回到了阿根廷队，并且在5月，梅西入选

阿根廷队

了斯卡洛尼为2019年美洲杯选拔的阿根廷队23人大名单。

在这一届美洲杯上，阿根廷队的表现并不稳定。小组赛阶段，阿根廷队和哥伦比亚队、巴拉圭队、被邀请参赛的卡塔尔队被分在一组。首场比赛中，阿根廷队便以0∶2输给了哥伦比亚队，让自己吃到了"开门黑"。第二场比赛中，阿根廷队凭借梅西罚入的点球，勉强止住了颓势，以1∶1和巴拉圭队战平。

最后一场比赛中，阿根廷队对阵卡塔尔队。劳塔罗·马丁内斯和阿圭罗各入一球，才让阿根廷队取得了一场足以让阿根廷队排在小组第二、晋级淘汰赛的胜利。

1/4决赛，阿根廷队对阵委内瑞拉队。

梅西在这场比赛的表现一般，也因此受到了外界的批评，但阿根廷队依然凭借劳塔罗·马丁内斯和乔瓦尼·洛塞尔索的进球赢得了比赛，这正是斯卡洛尼的阿根廷队一个显著标志：阿根廷队不再需要梅西必须表现出色才能够赢得比赛。

然而，阿根廷队依然不够成熟。半决赛上对阵巴西队时，阿根廷队表现出了积极的一面，但并不足以在巴西举办的美洲杯上淘汰东道主球队。阿根廷队以0∶2输掉了半决赛，没能获得晋级决赛的资格。

不过在比赛结束之后，梅西少有地批评了裁判在这场半决赛中的执法表现，认为阿根廷队并未从内部出现问题。

第七章　梅西的绽放时代

季军赛，凭借阿圭罗和保罗·迪巴拉的进球，阿根廷队以2∶1战胜智利队，获得了2019年美洲杯的第三名。

这一成绩让斯卡洛尼受到了批评，不仅是因为阿根廷队一如往常地没有取得成功，还因为外界没有看到斯卡洛尼的战术成果；但在球员层面，斯卡洛尼获得了极高的评价。球队内部的气氛尚佳，梅西的融入情况也很好，最主要的是，斯卡洛尼证明了阿根廷队在没有梅西的情况下，同样能够发挥出色，这是阿根廷足协最为看重的地方。

因为以上的种种原因，阿根廷足协选择与斯卡洛尼在美洲杯后签订一份全新的合约，从而让阿根廷队的未来进入了斯卡洛尼时代。

◆ 甜蜜时刻，冠军到来

2020年末，斯卡洛尼首先带领阿根廷队征战2022年世界杯预选赛。

在2021年美洲杯之前，阿根廷队在预选赛阶段打完了前6场比赛，取得了3胜3平的不败成绩，从而以良好的心理状态迎来了2021年美洲杯。

阿根廷队

这届美洲杯原定于2020年6月在阿根廷和哥伦比亚举行，从而成为第一届在偶数年举办的美洲杯，但2020年3月17日，南美足联宣布，由于南美地区新冠肺炎疫情肆虐，赛事推迟一年，哥伦比亚和阿根廷也因为各自的原因，被剥夺了主办权，比赛再次由巴西举办。

这一变动让阿根廷队产生了额外的动力，全队上下都希望将冠军奖杯带回阿根廷国内。

由于没有邀请其他大洲的球队，所以这一届美洲杯只有隶属于南美足联的球队参加。十支球队分为两组，每组五支球队，前四名都可以晋级八强，进入淘汰赛阶段。

小组赛阶段，阿根廷队和乌拉圭队、巴拉圭队、智利队、玻利维亚队被分在一组。首场比赛中，阿根廷队仅以1∶1战平智利队，梅西打进了阿根廷队的进球。此后两场比赛中，梅西没有进球，但阿根廷队都取得了胜利，以1∶0战胜了乌拉圭队和巴拉圭队。这两场比赛的胜利，为阿根廷队的出线奠定了坚实的基础。

小组赛阶段的最后一场，阿根廷队打出了一场精彩的比赛。亚历杭德罗·戈麦斯在比赛进行到第6分钟时便为阿根廷队首开纪录，随后梅西梅开二度，劳塔罗·马丁内斯在下半场打进了阿根廷队的第四球，让阿根廷队以4∶1的大比分击败了玻利维亚队。

4场比赛中，阿根廷队取得了3胜1平的战绩，以小组第一的身份晋

第七章 梅西的绽放时代

级淘汰赛阶段。

淘汰赛阶段,阿根廷队的第一个对手是厄瓜多尔队。

本场比赛中,梅西送出两次助攻,还在比赛临近结束时用任意球完成破门,从而帮助阿根廷队以3∶0战胜了厄瓜多尔队。

半决赛对阵哥伦比亚队时,梅西再次为队友送出助攻,劳塔罗·马丁内斯为阿根廷队打进关键一球,不过哥伦比亚队在下半场扳平了比分,并且将1∶1一直保持到了加时赛结束,将阿根廷队拖入了点球大战。

在点球大战中,梅西第一个出场并且罚入点球,虽然第二个出场的罗德里戈·德保罗罚失点球,但阿根廷队门将埃米利亚诺·马丁内斯发挥神勇,挡出了哥伦比亚队三名球员的射门,最后帮助阿根廷队赢得点球大战,晋级决赛。

2021年美洲杯决赛,是梅西在阿根廷队的第五场决赛。

虽然梅西在比赛中的表现并不亮眼,但是球队的表现却相当顽强,这一点和梅西在更衣室内发表的激情演讲不无关系。比赛开始之后,阿根廷队占据优势,在比赛进行到第22分钟时,迪马利亚接到德保罗的长传,为阿根廷队取得进球。值得注意的是,这是一次没有梅西参与的进攻。

此后的比赛中,巴西队开始反扑。在内马尔的带领下,巴西队向

阿根廷队

阿根廷队的球门施以了沉重的压力，但在阿根廷队球员的防守之下，巴西队的尝试进攻被一一化解，阿根廷队从而将1∶0一直保持到了比赛结束。

阿根廷队获得了2021年美洲杯冠军，打破了阿根廷队长达28年没有大赛冠军入账的纪录，梅西也获得了其首个国家队大赛冠军。

在这届美洲杯上，梅西获得了最佳球员的称号。

除此之外，梅西还以打入4球的成绩获得了这届美洲杯的最佳射手，但相较于进球，梅西的5次助攻更加让人印象深刻。

在斯卡洛尼的战术当中，梅西依然是核心球员，但和此前不同的是，阿根廷队不再将所有的重担都压在梅西的肩上，尤其是在进球环节，年轻球员也拥有向球门进攻的自主权，而不必像此前一样，将每一次的进攻都交给梅西来处理。

正是在这样的心态下，梅西有了可以将重担分给队友的轻松感，而队友也不必因为在梅西身边踢球而压力过大，阿根廷队从而成为一支真正的团队。

而对于梅西来说，这一次美洲杯夺冠，也让梅西的身心得到了解放。

多年以来，梅西始终被自己在阿根廷队的表现所困扰。梅西曾经有过很多机会来为阿根廷队夺得冠军，有机会在俱乐部的赛事之外取

第七章 梅西的绽放时代

得成功，却因为各种原因而屡屡失败。

梅西在阿根廷队遇到的失败和梅西在俱乐部赛事中取得的成功，让梅西在阿根廷队球迷的眼中出现了巨大的反差，这种反差让阿根廷队球迷无奈、遗憾，乃至于产生了愤怒和怨恨，从而伤害到了梅西和球迷之间的关系。

直至这次美洲杯，梅西终于为阿根廷队取得了一次值得大书特书的成功，这也使得梅西与阿根廷队球迷，最重要的是与曾经为此努力和困扰的自己，达成了和解。

就像梅西在接受采访时所说的："我很清楚，我必须努力到最后一场比赛，而且我不能在没有赢得任何东西的情况下退出阿根廷队。"

◆ 震惊世界，"球王"加冕

2021年美洲杯结束之后，阿根廷队重新踏上了2022年世界杯预选赛的征程。

剩余的11场比赛中，阿根廷队取得了8胜3平的战绩，依然保持了不败，以小组第二名的成绩晋级2022年世界杯。

阿根廷队

其中缺少的一场比赛是2021年9月5日对阵巴西队的比赛,这场比赛在开始5分钟后即告暂停,巴西卫生官员进入球场,要求隔离4名被指控违反疫情隔离规定的阿根廷队球员,阿根廷队表达了自己的抗议,随即宣布离场。

这场比赛原定于2022年9月21日进行重赛,但最终被取消,因为两队均已获得参赛资格。

2022年6月1日,欧美杯的比赛在英国伦敦的温布利球场举行,美洲杯冠军阿根廷队对阵欧洲杯冠军意大利队。

在这场带有友谊赛性质的比赛中,阿根廷队凭借劳塔罗·马丁内斯、迪马利亚和迪巴拉的进球,以3∶0战胜了意大利队。梅西在这场比赛中送出了两次助攻,被评为本场比赛的最佳球员。

而且在这场比赛的胜利之后,斯卡洛尼的阿根廷队保持32场不败的战绩,从而超越了巴西莱在1991年至1993年间保持的31场不败纪录。

而在2022年世界杯开幕之前,阿根廷队将这一不败纪录刷新到了36场。

在如此好的状态下,阿根廷队对即将到来的2022年世界杯颇有信心,外界也十分看好阿根廷队在这届世界杯上的表现。虽然在赛前,包括洛塞尔索等关键球员因伤缺席,阿根廷队依然被视为夺冠热

第七章 梅西的绽放时代

门球队之一。

小组赛阶段,阿根廷队与沙特阿拉伯队、波兰队和墨西哥队被分在一组。第一场比赛,虽然阿根廷队在比赛第10分钟就凭借梅西的点球取得了领先优势,但阿根廷队在占据比赛上风的情况下未能扩大优势,打进的三球都因越位在先而被判罚无效。

中场休息过后,沙特阿拉伯队面貌一新,不再允许阿根廷队随意控制比赛,而是积极向阿根廷队施加压力,在短短的5分钟内就连进两球,逆转了比分。

此后的比赛中,阿根廷队试图扳平比分,但球队陷入了焦躁的心态当中,最终没能扳平比分,以1∶2输掉了第一场比赛,也使得不败纪录就此终结。

输给沙特阿拉伯队这样的弱旅,外界立刻开始看低阿根廷队的未来,这让阿根廷队内部也产生了自我怀疑。

为了扭转阿根廷队可能提前被淘汰的不利趋势,在对阵墨西哥队的比赛中,斯卡洛尼对阿根廷队的阵容进行了五处调整,其中最显著的变化就是用中场球员亚历克西斯·麦卡利斯特取代了第一场比赛首发出场的戈麦斯。

这些调整和变化让阿根廷队没有重蹈第一场比赛短时间内连续丢球的覆辙,但球队内部弥漫的紧张情绪还是影响了阿根廷队的

阿根廷队

发挥。

在这样的关键时刻，梅西拿出了其作为经验丰富、能力突出的核心球员的风范，在比赛进行到第64分钟时，梅西打进了关键的第一球，让阿根廷队取得比分领先优势的同时，也让阿根廷队的年轻球员的心态得以放松下来。

比赛的最后时刻，年轻球员恩佐·费尔南德斯打进阿根廷队的第二球，从而帮助阿根廷队以2∶0战胜了墨西哥队。

这场比赛的胜利仍不足以让阿根廷队锁定一个出线名额，但已经足以让阿根廷队回到正轨。于是在小组赛的第三场中，证明了自己可以在遭受打击后重新振作起来的阿根廷队又以2∶0战胜了波兰队。

在这场比赛中，斯卡洛尼沿用了在第二场比赛中的战术和表现出色的球员，而在信心的支持下，年轻球员成为主角。下半场比赛中，麦卡利斯特和胡利安·阿尔瓦雷斯各进一球，从而让阿根廷队以小组第一的名次晋级淘汰赛。

小组赛阶段，梅西超越了马拉多纳，成为代表阿根廷队在世界杯上出场最多的球员，但想要达到马拉多纳在阿根廷队的地位，梅西需要在接下来的四场比赛里拿出更好的表现。

1/8决赛，阿根廷队遭遇澳大利亚队。澳大利亚队忌惮阿根廷队的进攻，所以将大部分球员都布置在自己半场之中，而且在身材方面，澳大利亚队球员普遍比阿根廷队球员更为高大，这让阿根廷队一度很难找到有效的进攻方法。

就在阿根廷队陷入焦急情绪之际，在比赛进行到第35分钟，梅西再次发威，通过进球让阿根廷队取得了比分上的领先优势。这一球让阿根廷队得以将重心转移在防守端，澳大利亚队为了扳平比分，则需要大幅前压，于是在这一局势中，阿根廷队抓住了澳大利亚队出现的失误，打进了本场比赛的第二球。

虽然澳大利亚队在比赛末段制造了阿根廷队的乌龙球，但阿根廷队保住了胜局，最后以2∶1战胜了澳大利亚队。

1/4决赛，阿根廷队对阵荷兰队。

赛前，荷兰队主帅路易斯·范加尔采取心理战，尝试扰乱梅西及阿根廷队球员的心态，但这一选择事与愿违，被激怒的阿根廷队球员打出了更高的平均水平，一度建立了比分为2∶0的领先优势。

尤其是梅西，在比赛进行到第35分钟时，他在中场闪转腾挪，为纳韦尔·莫利纳·卢塞罗送上了一次精彩绝伦的助攻，从而使得阿根廷队首开纪录。下半场比赛中，梅西则主罚点球命中，将比分的领先优势扩大到了两球。

不过在比赛临近结束时，荷兰队的替补前锋沃特·韦霍斯特立下奇功，荷兰队凭借韦霍斯特打入的两球，在比赛结束前将比分追平，

阿根廷队

从而将阿根廷队拖入加时赛。到手的胜利在最后一刻化为乌有，但这一变化并未影响阿根廷队球员的心态。阿根廷队在加时赛表现仍然出色，但并未改写比分。

最终，在点球大战中，阿根廷队门将埃米利亚诺·再次发挥神勇，扑出了荷兰队的前两个点球，让阿根廷队以4∶3赢得了点球大战，从而晋级半决赛。

半决赛上，阿根廷队迎战卢卡·莫德里奇率领的克罗地亚队。

为了对抗顽强拼搏的克罗地亚队中场球员，斯卡洛尼让球风强悍的莱昂德罗·丹尼尔·帕雷德斯首发出场，从而在中场区域与克罗地亚队进行周旋和对抗。

凭借这一点和阿根廷队球员的稳定发挥，阿根廷队在比赛的大部分时间里都领先于克罗地亚队，最终凭借梅西和阿尔瓦雷斯的进球，阿根廷队以3∶0取得胜利。

梅西打进的这一球，也让其以11球的成绩，超越了巴蒂斯图塔创下的阿根廷球员在世界杯赛场的进球纪录。

进入决赛后，阿根廷队和梅西再次来到了魂牵梦绕的世界杯冠军身边，而这一次同样想要夺得冠军的是在2018年世界杯击败阿根廷队的法国队。

很显然，两支球队都在寻求球队历史上第三个世界杯冠军。

第七章 梅西的绽放时代

阿根廷队在比赛开始后就占据了绝对的统治地位,利用对手防守和个人发挥的失误,在上半场结束前就建立了两球的领先优势。在上半场进行到第23分钟和第36分钟时,梅西和迪马利亚各进一球,让阿根廷队无比接近世界杯冠军。

在这种情况下,法国队主帅迪迪埃·德尚没有等到下半场,而是迅速做出调整。随着马库斯·图拉姆和兰德尔·科洛·穆阿尼的登场,法国队开始向阿根廷队后卫线施加巨大的压力,从而拥有了更多的控球权。并且,在本场比赛中发挥极其出色的迪马利亚被换下之后,法国队在进攻端投入了更多的精力,年轻前锋基利安·姆巴佩因此受益,在1分钟内就打进两球,从而将比分扳平。

进入加时赛后,比赛依然激烈。

比赛进行到第108分钟时,梅西打进个人的第二球,帮助阿根廷队再次取得领先优势,然而就在阿根廷队再度看到获胜希望时,姆巴佩上演帽子戏法,将比分再度扳平。在点球大战前,法国队本有希望打进第四球,从而完成绝杀,但阿根廷队门将埃米利亚诺·马丁内斯挡出了穆阿尼的射门,帮助阿根廷队保留了点球大战的希望。

点球大战中,梅西第一个出场,再次稳稳罚中,从而减轻了阿根廷队后续出场的球员的压力,而法国队球员金斯利·科曼和奥雷利安·楚阿梅尼则相继罚失。随着阿根廷队最后一个出场的球员——贡

阿根廷队

萨洛·蒙铁尔罚入点球，阿根廷队以4∶2赢得点球大战，拿到了球队历史上的第三座世界杯冠军奖杯。

在这届世界杯上，梅西最终赢得了代表着最佳球员的世界杯金球奖，然而和2014年获得此奖时不同，梅西在领取世界杯金球奖之后，终于将大力神杯高高举起。

梅西实现了自己的梦想，也将阿根廷队再次送上了世界之巅。

对阵克罗地亚队的比赛之后，梅西就表示这将是其最后一届世界杯，但在夺得世界杯之后，梅西表示自己还没有退出阿根廷队的打算，因为梅西表示，"我想继续以冠军的身份踢球"。

在奋斗了如此多年之后，梅西想要和阿根廷队一同享受这美好的一刻。

世界杯结束之后，阿根廷队开始了友谊赛之旅。

带着世界杯冠军的光环，阿根廷队在四场友谊赛中相继战胜了巴拿马队、库拉索队、澳大利亚队和印度尼西亚队。

没有什么能比在一场胜利的比赛之后，与阿根廷队球迷一起庆祝世界杯夺冠的感觉更好了。考虑到梅西和阿根廷队的球迷遍布世界各地，虽然旅途劳累，但这种喜悦的感觉可以持续下去。

然而，在友谊赛结束之后，阿根廷队还要看向前方。

2026年世界杯预选赛在2023年年中就已经开始，阿根廷队已经

第七章 梅西的绽放时代

打完了其中的6轮比赛，在这6轮比赛中，阿根廷队取得了5胜1负的战绩，排在积分榜头名的位置。

这也说明了在开心之余，阿根廷队的战斗力依然维持在水平线之上。

最让阿根廷队球迷感到满意的是，在预选赛第六轮中，阿根廷队在客场以1∶0战胜了巴西队，这是巴西队历史上首次遭遇世界杯预选赛主场失利。

有了这样的好成绩作为支持，斯卡洛尼的帅位也会更加稳固。

虽然在2022年世界杯结束之后，斯卡洛尼和阿根廷足协在合作的细节上有一些分歧，但没有哪位教练会轻易放弃自己所打造的这样一支团队，更何况是夺得世界杯冠军的团队。

于是在2023年2月27日，2022年国际足联颁奖典礼的前夕，阿根廷足协宣布与斯卡洛尼和其教练组续约至2026年。这意味着如无意外，阿根廷队的斯卡洛尼时代将会一直延续到2026年世界杯之后。

而在同一天，斯卡洛尼凭借其在阿根廷队的表现，被授予"2022年度最佳男足教练"的称号，但相较于这些奖项，斯卡洛尼更享受的是阿根廷队球迷的快乐，就像斯卡洛尼在接受采访时所说的：

"没有什么比看到整个国家感到幸福更美好的了。看到街上那些兴奋的人们，这种感觉是无价的，这场胜利是属于他们的。"

阿根廷队

到了2026年世界杯,梅西还会在阿根廷队吗?

梅西此前已经表示,2022年世界杯是其最后一届世界杯,然而随着美洲杯、世界杯冠军的到手,再来一届又有何妨呢?

人生不如意,十之八九。即便在2026年世界杯失败了,阿根廷队也已经有过成功的经历,这也不会是什么损失。

与其如此,享受世界杯的美好其实也是一个很好的选择。

经典瞬间

对于任何一支球队来说，在浩瀚的历史长河中，都会诞生很多的经典瞬间。这些瞬间，是球迷津津乐道的话题，也是球星绽放光彩的时刻。定格精彩的进球、争议的判罚、完美的配合、顽强的防守、伟大的扑救……珍藏这些难以忘怀的瞬间。

"上帝之手"

　　1986年世界杯1/4决赛，阿根廷队对阵英格兰队。第51分钟，马拉多纳连续突破搅乱英格兰队的防线，英格兰队后卫在慌乱中解围，球飞向自家球门。这时，马拉多纳高高跃起，用手将球打入了英格兰队的球门。当值主裁判无视英格兰队球员的抗议，判罚进球有效。马拉多纳在赛后采访中将进球描述为"一点点马拉多纳的头，一点点上帝的手"。

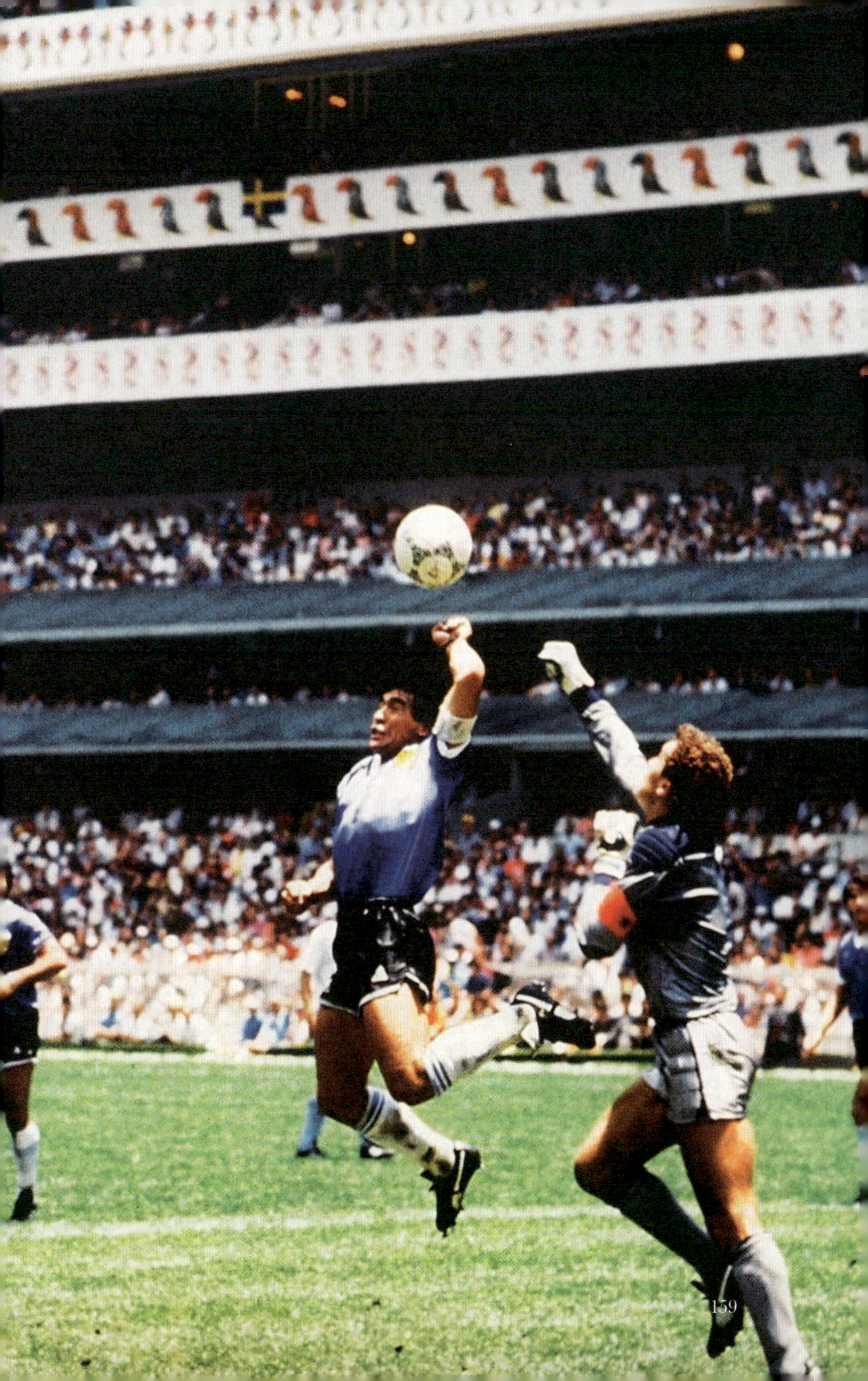

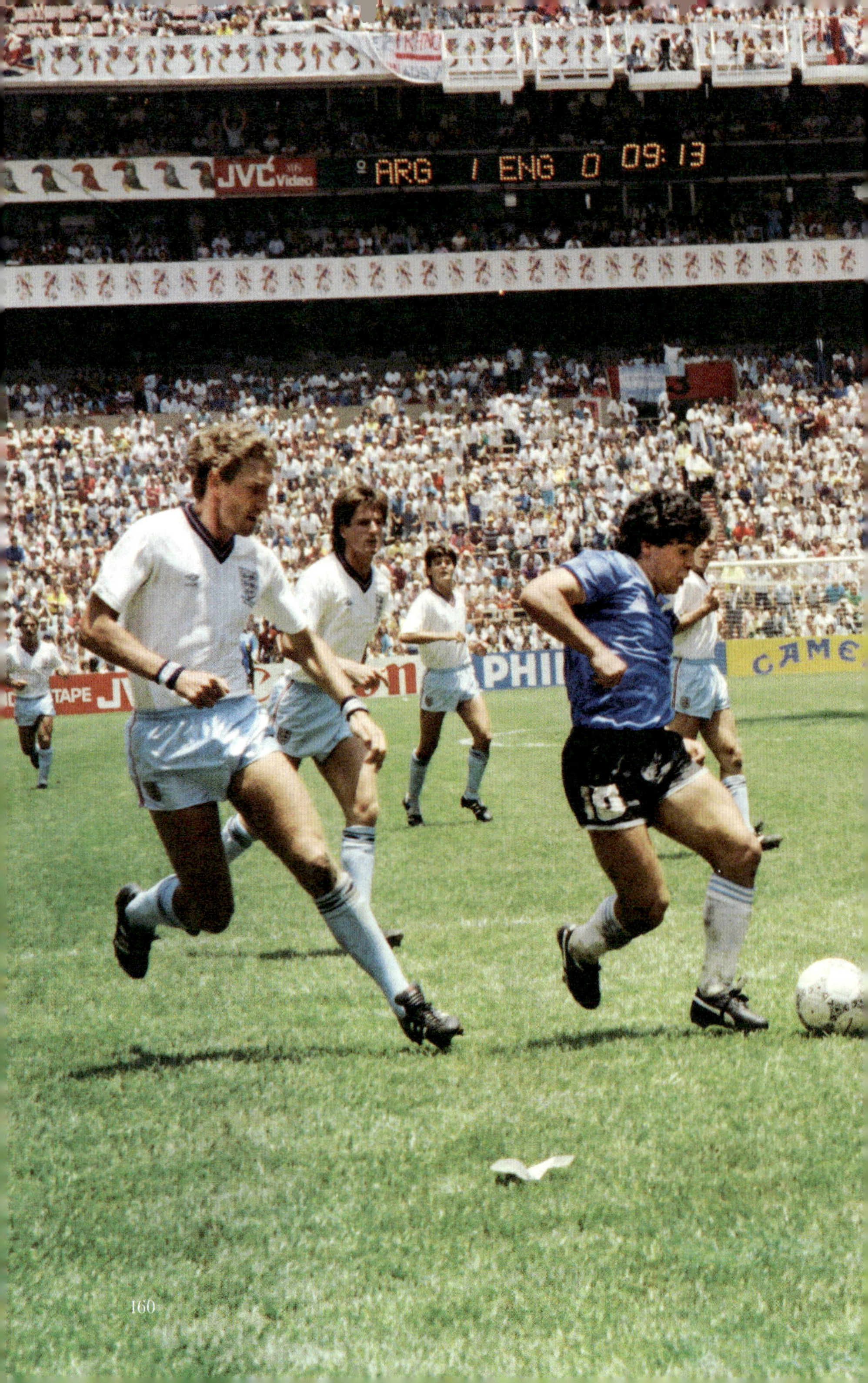
ARG 1 ENG 0 09:13
JVC Video
TAPE JVC

"世纪进球"

  1986年世界杯1/4决赛,阿根廷队对阵英格兰队。第55分钟,马拉多纳在本方半场得球后迅速启动,他先后晃过英格兰队的一众防守球员以及门将彼特·希尔顿,面对空门轻松破门得手。这一球被认为是世界杯历史上最精彩的进球之一,凭借这一"世纪进球",马拉多纳完成梅开二度的好戏,最终帮助阿根廷队淘汰英格兰队,进军半决赛。

"世纪助攻"

　　1990年世界杯1/8决赛,状态不佳的阿根廷队遭遇如日中天的巴西队,后者展开狂轰滥炸,数次威胁阿根廷队的球门。场面极其被动的情况下,马拉多纳挺身而出。第81分钟,他上演标志性的连续突破,随后助攻卡尼吉亚,后者轻松破门得分。全场都在"挨打"的阿根廷队,不可思议地取得了领先。4分钟后,马拉多纳又送出极其具有威胁的传球,巴西队的里卡多·戈麦斯被迫犯规,导致自己被直接红牌罚下。马拉多纳的"世纪助攻"改写了比赛的进程,让阿根廷队以1∶0淘汰巴西队。

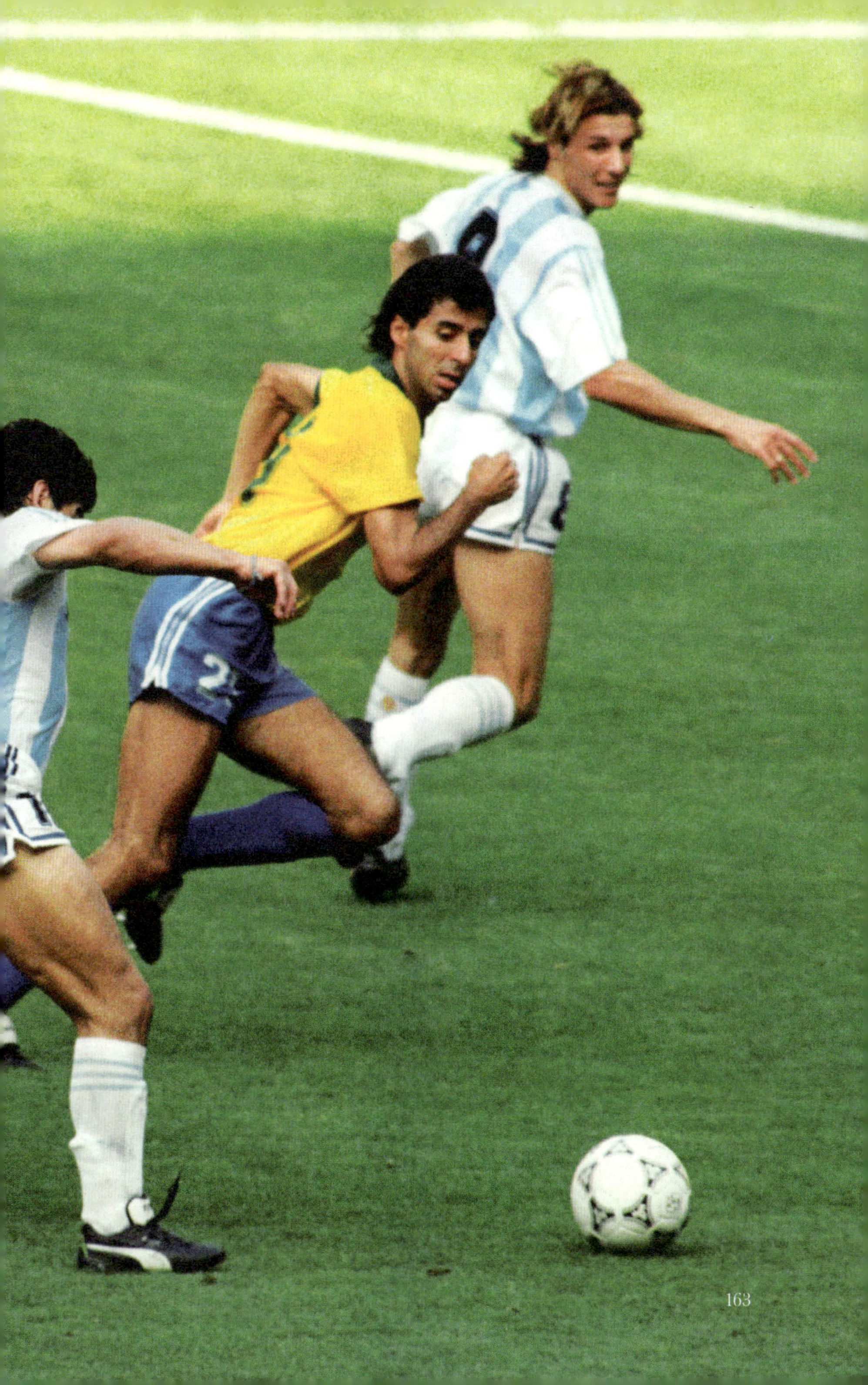

"战神"泪洒赛场

2002年世界杯小组赛末轮,阿根廷队必须战胜瑞典队,才能避免被淘汰的命运。下半场伊始,阿根廷队便陷入落后的局面,比赛尾声,克雷斯波才帮助阿根廷队扳平了比分。但仅拿到1分的阿根廷队无法从小组出线。比赛结束之后,在第58分钟被换下的"战神"巴蒂斯图塔双手掩面落下英雄泪,这位阿根廷队的传奇射手,落寞地告别了世界杯,成为不折不扣的"悲情英雄"。

165

梅西凝视大力神杯

2014年世界杯决赛，阿根廷队激战德国队，最终在加时赛遭遇绝杀，遗憾地无缘世界杯冠军。在颁奖仪式中，梅西走上看台领取亚军奖牌，在他经过放置大力神杯的主席台前时，现场镜头捕捉到了梅西眼神落寞地凝视大力神杯。这位在俱乐部取得了无数荣誉的巨星，彼时在国家队大赛层面"一冠难求"。

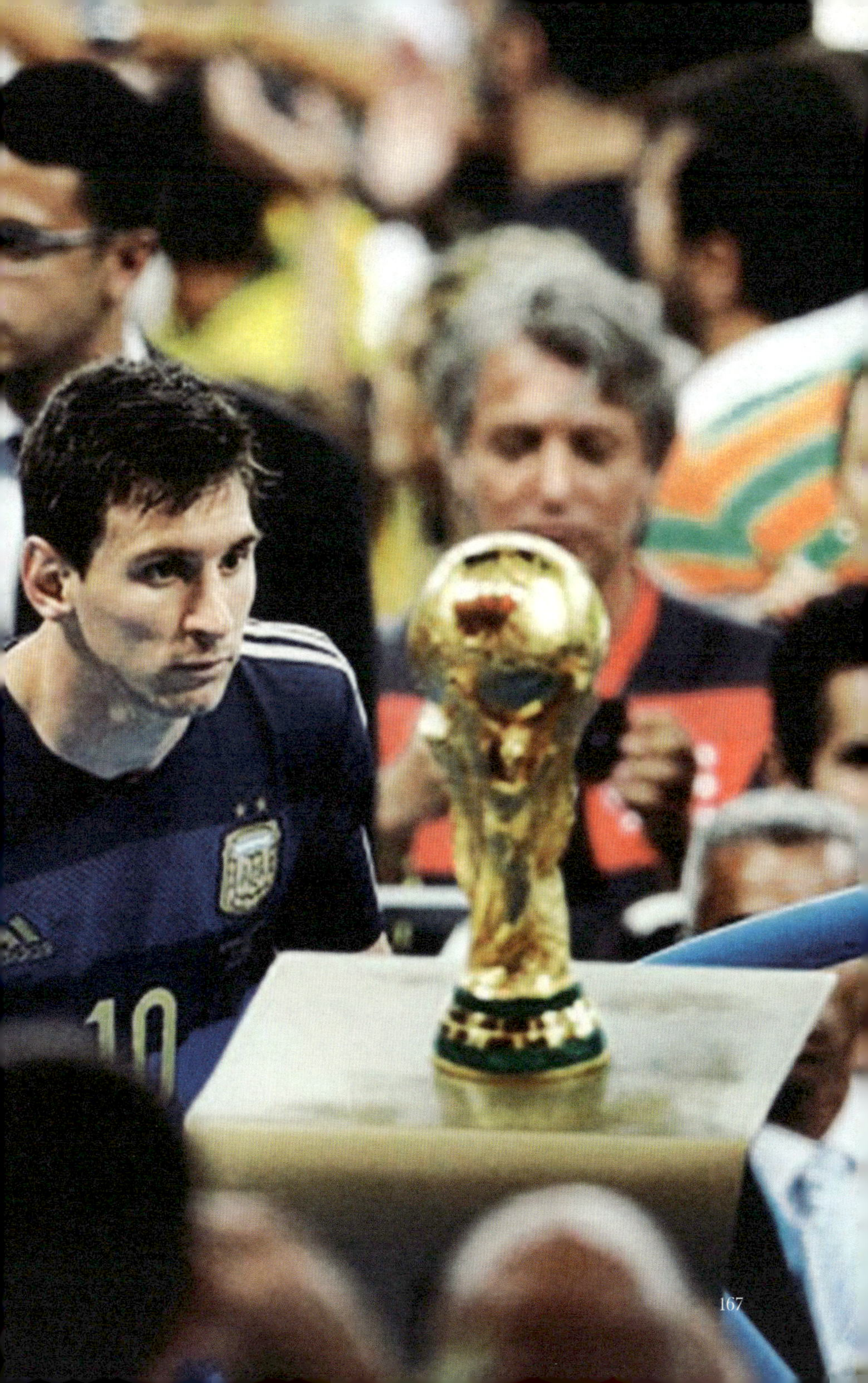

五子登科

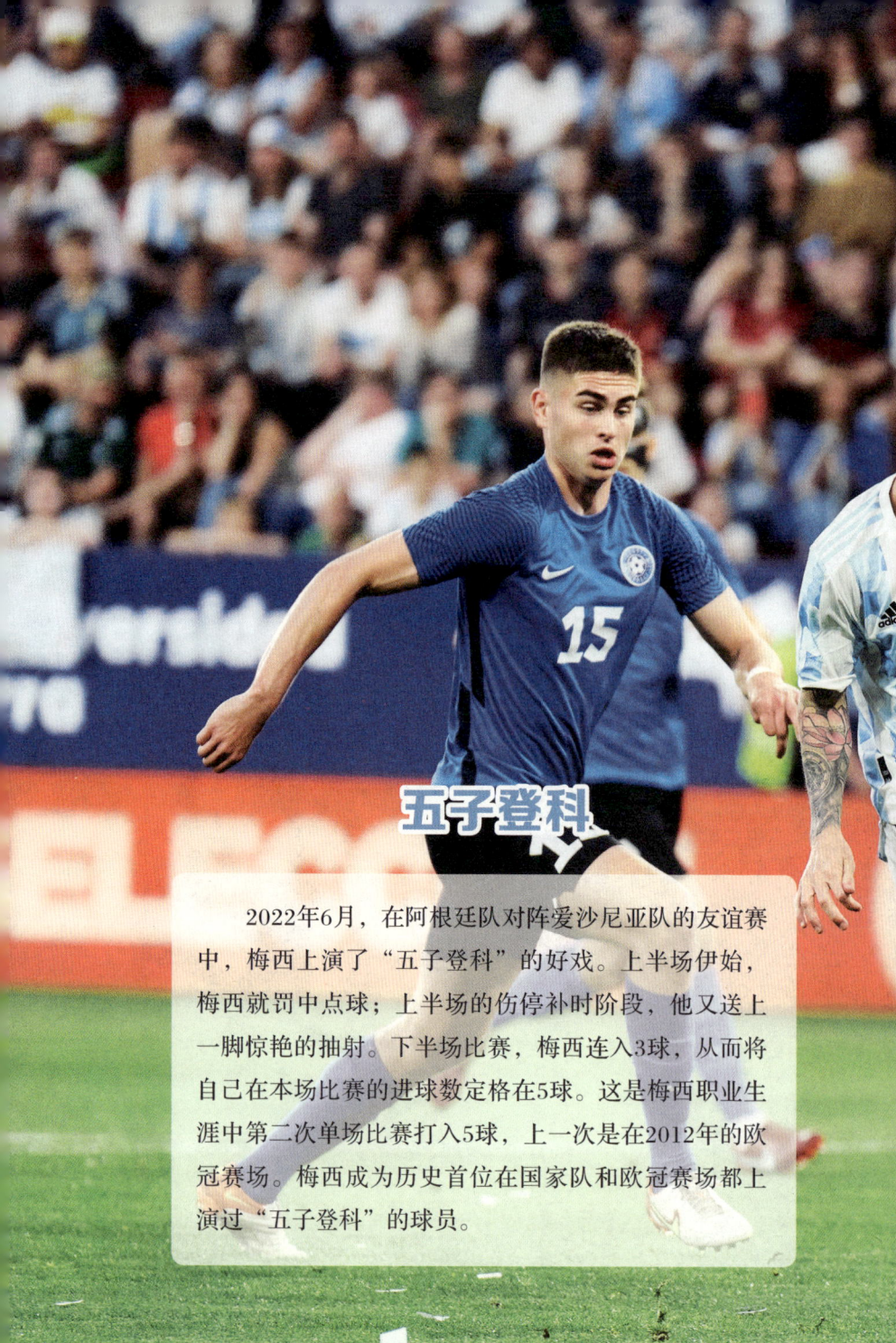

2022年6月，在阿根廷队对阵爱沙尼亚队的友谊赛中，梅西上演了"五子登科"的好戏。上半场伊始，梅西就罚中点球；上半场的伤停补时阶段，他又送上一脚惊艳的抽射。下半场比赛，梅西连入3球，从而将自己在本场比赛的进球数定格在5球。这是梅西职业生涯中第二次单场比赛打入5球，上一次是在2012年的欧冠赛场。梅西成为历史首位在国家队和欧冠赛场都上演过"五子登科"的球员。

169

愤怒的"球王"

　　1982年世界杯第二阶段小组赛,阿根廷队对阵巴西队。进攻端,巴西队频频得手,建立了3∶0的巨大领先优势。防守端,巴西队对马拉多纳重点盯防,多次用凶狠的动作铲倒马拉多纳。眼看球队大比分落后翻盘无望,马拉多纳的怒火在第85分钟彻底被"点燃"。在一次争抢的过程中,巴西队的巴蒂斯塔·席尔瓦踹到了阿根廷队的胡安·巴尔瓦斯,后者痛苦倒地,但裁判毫无表示。怒不可遏的马拉多纳直接飞踹巴蒂斯塔,裁判果断地出示红牌将马拉多纳罚出场。第一次参加世界杯,马拉多纳落寞谢幕。

171

马拉多纳"以一敌六"

1982年世界杯小组赛,阿根廷队对阵比利时队,马拉多纳迎来了世界杯首秀。比利时队对马拉多纳展开重点盯防,比赛中更是诞生了夸张的名场面。当马拉多纳带球准备发起进攻时,比利时队的6名球员都在他的附近,随时准备上前逼抢。马拉多纳毫无惧色地"以一敌六",铸就了世界杯的经典瞬间。比利时队凭借这样的防守策略,彻底限制住了阿根廷队的进攻,最终以1∶0战胜阿根廷队。

26脚传递造史诗级进球

2006年世界杯小组赛，阿根廷队对阵塞黑队。第6分钟，阿根廷队就完成破门，建立领先优势。第31分钟，世界杯历史上的经典瞬间诞生。阿根廷队的球员完成26脚传递，一系列眼花缭乱的配合，让塞黑队根本无从防守。最终，跟进的埃斯特班·坎比亚索怒射破门，为这次惊艳的进攻画上了完美的句号。阿根廷队以6：0大胜塞黑队，这次水银泻地的配合，彻底摧毁了塞黑队球员的心理防线。

梅西嘲讽范加尔

2022年世界杯1/4决赛，阿根廷队和荷兰队上演了一场火药味十足的对话。这场比赛，当值主裁总计出示了18张黄牌和1张红牌。梅西进球之后，冲着荷兰队主帅路易斯·范加尔做出"嘲讽"的庆祝动作。经历点球大战艰难过关之后，梅西在赛后继续嘲讽范加尔："范加尔说要踢出美丽足球，但他做的只是把身材高大的球员派上场打长传。"

肯佩斯力挽狂澜

1978年世界杯,肯佩斯在小组赛第一阶段表现平平。但从第二阶段对阵波兰队的比赛开始,他彰显出了恐怖的状态。对阵波兰队和秘鲁队的比赛,他都完成独中两元的好戏。阿根廷队也在小组赛第二阶段排名第一,闯入决赛。决赛对阵荷兰队,肯佩斯帮助阿根廷队首开纪录,荷兰队顽强地将比赛拖入加时赛。加时赛中,肯佩斯再度打入一球。最终阿根廷队以3∶1战胜荷兰队夺得冠军,肯佩斯则荣膺世界杯金球奖和金靴奖。

阿根廷队"门神"一战封神

　　2014年世界杯半决赛,阿根廷队对阵荷兰队,双方在120分钟内互交白卷。点球大战中,阿根廷队门将塞尔希奥·罗梅罗一战封神,他扑出了荷兰队的两个点球,阿根廷队4名主罚的球员则全部命中。最终,阿根廷队通过点球大战以4:2淘汰荷兰队,挺进决赛。

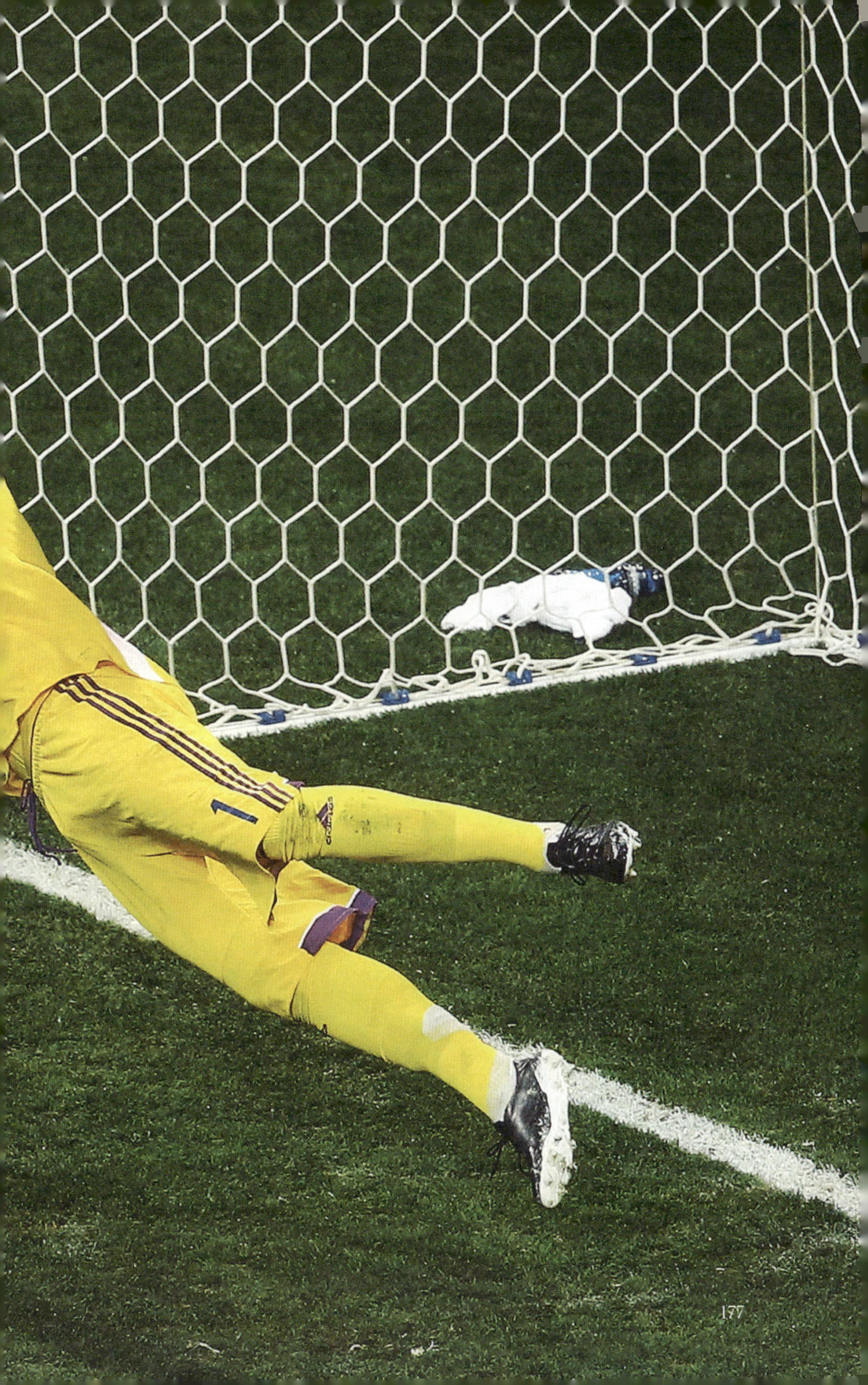

178

星光璀璨

姓名：费尔南多·雷东多

出生日期：1969年6月6日

主要球衣号码：5号

国家队数据：29场1球

"潘帕斯王子"

  1994年世界杯，长发飘飘的雷东多第一次出现在了世界杯赛场。在第一场比赛上，他就为马拉多纳送出了一次助攻，在优雅的气质之外，雷东多也展现了自己精湛的技术。因为优雅的气质和一头飘逸的秀发，雷东多被称为"潘帕斯王子"。在1994年世界杯结束后，阿根廷队主教练帕萨雷拉推出了"剪发令"，不愿剪去长发的雷东多因此退出了阿根廷队，结束了自己短暂但优雅的阿根廷队生涯。

球场悍将

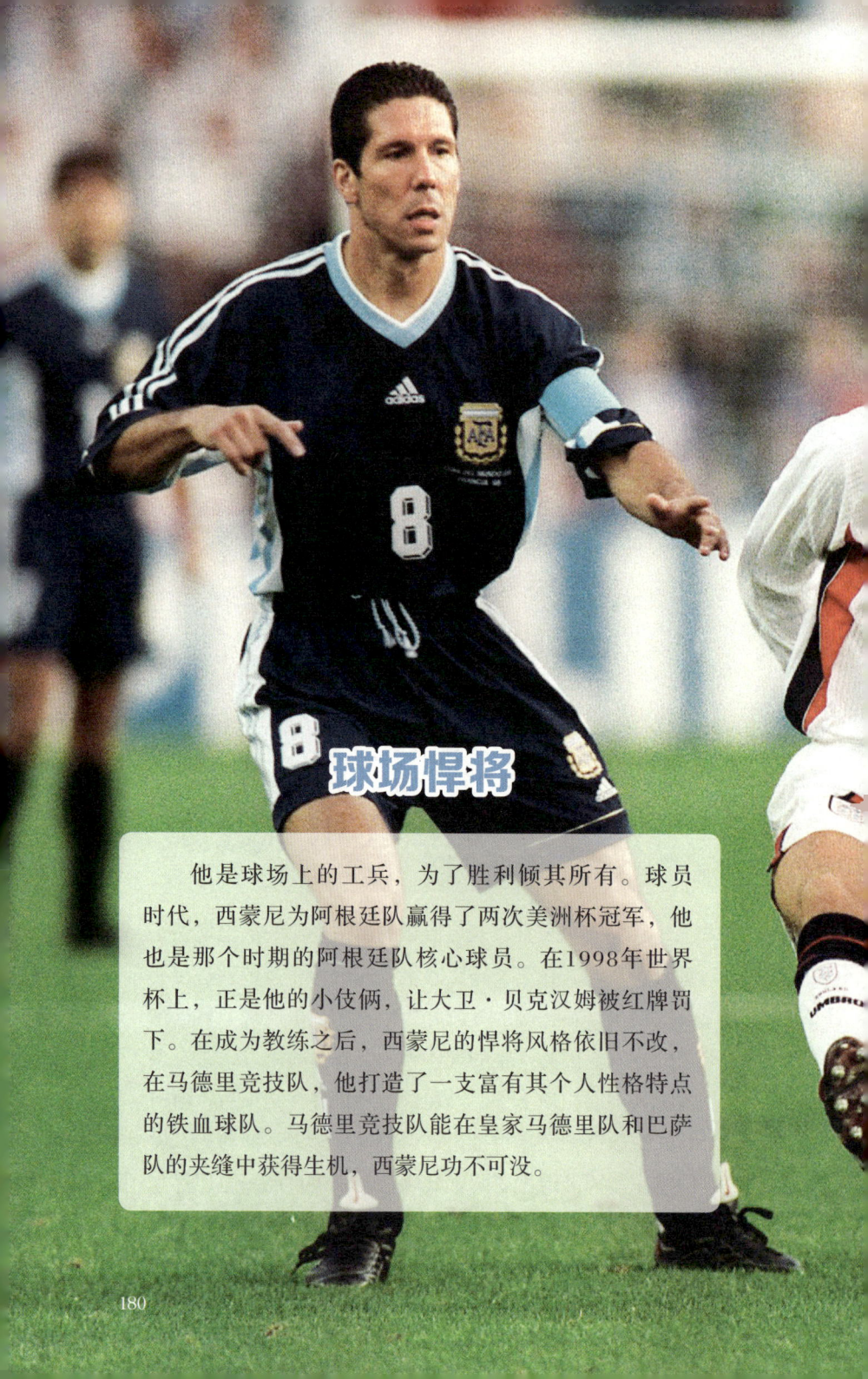

他是球场上的工兵,为了胜利倾其所有。球员时代,西蒙尼为阿根廷队赢得了两次美洲杯冠军,他也是那个时期的阿根廷队核心球员。在1998年世界杯上,正是他的小伎俩,让大卫·贝克汉姆被红牌罚下。在成为教练之后,西蒙尼的悍将风格依旧不改,在马德里竞技队,他打造了一支富有其个人性格特点的铁血球队。马德里竞技队能在皇家马德里队和巴萨队的夹缝中获得生机,西蒙尼功不可没。

姓名：迭戈·西蒙尼

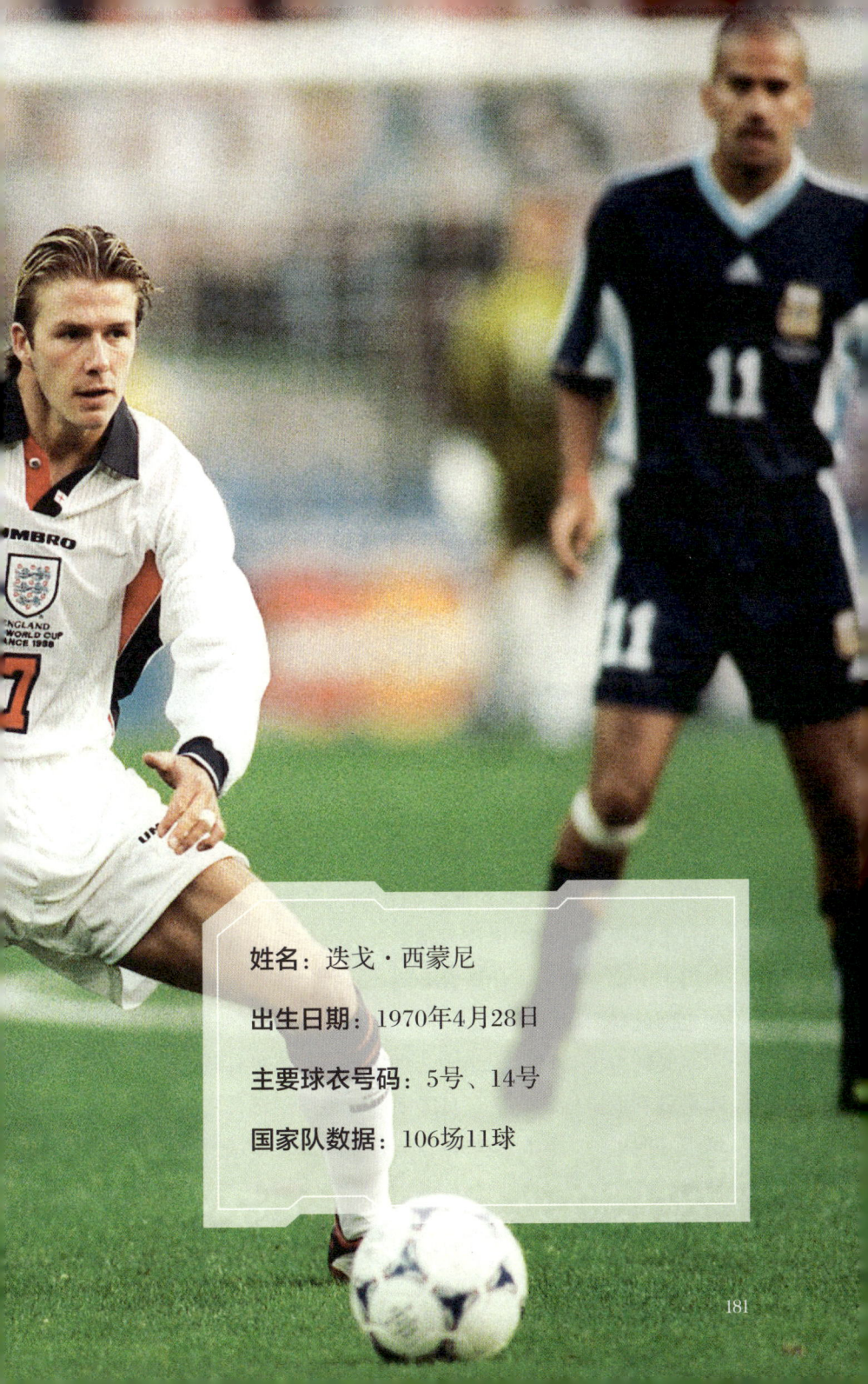

出生日期：1970年4月28日

主要球衣号码：5号、14号

国家队数据：106场11球

"巫师"

1996年，桑普多利亚队将贝隆从阿根廷赛场带到意大利联赛，贝隆迅速展现了自己在传球、盘带和射门上的出众能力，让桑普多利亚队立刻焕然一新，他也因此获得了"巫师"的绰号。在阿根廷队，"巫师"的魔力也有呈现。2002年世界杯，在阿根廷队对阵尼日利亚队的比赛中，贝隆助攻巴蒂斯图塔打进全场唯一的进球，国际足联在赛后将贝隆评为全场最佳球员。

姓名：胡安·塞巴斯蒂安·贝隆

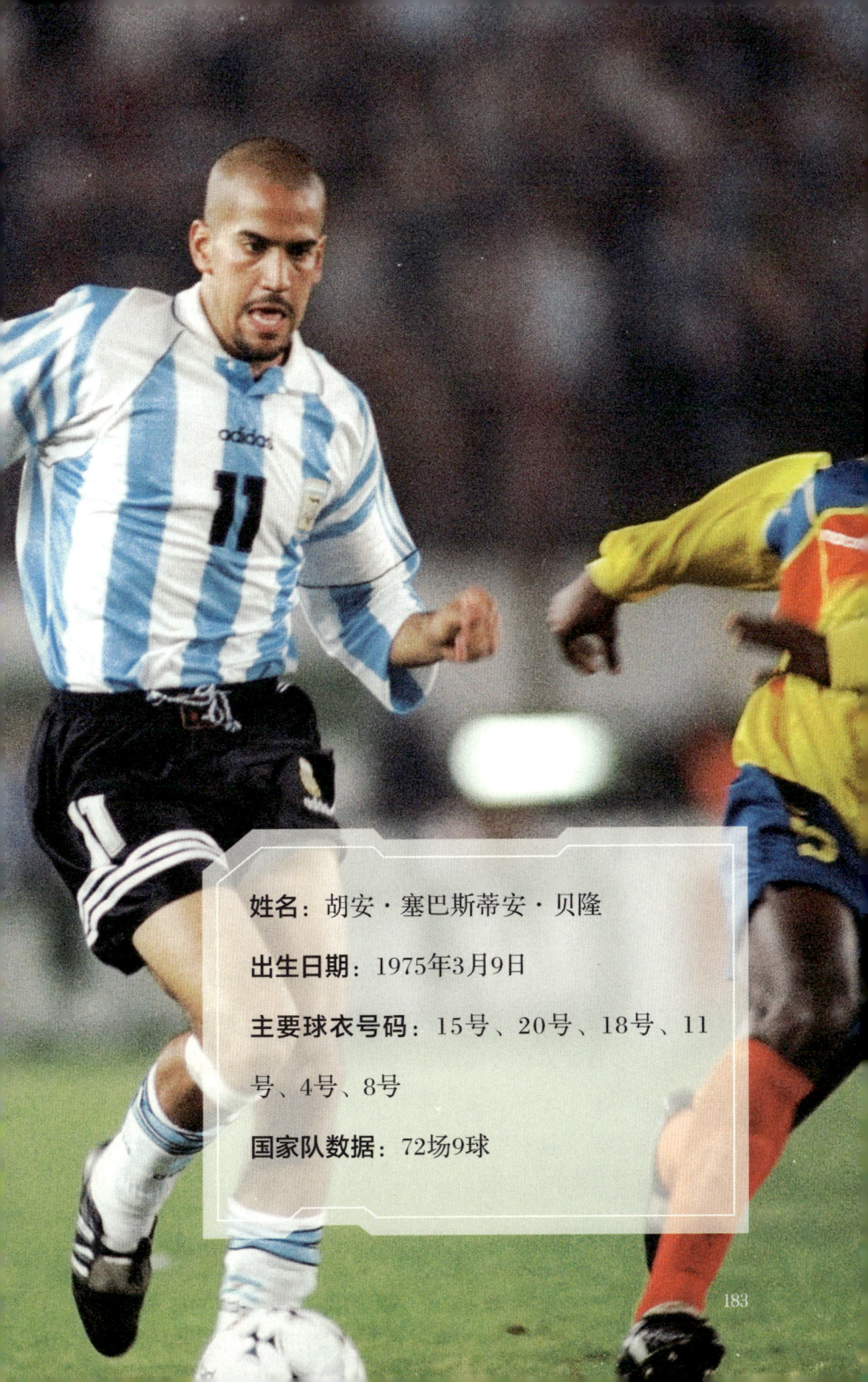

出生日期：1975年3月9日

主要球衣号码：15号、20号、18号、11号、4号、8号

国家队数据：72场9球

"风之子"

　　1990年世界杯1/8决赛，阿根廷队遭遇老对手巴西队。就在常规时间即将结束时，马拉多纳把球传给了卡尼吉亚。在那一刻，卡尼吉亚诠释了自己为何被称为"风之子"，他凭借速度优势快速获得单刀球，打进了阿根廷足球历史上最著名的进球之一。如果他没有在决赛赛前累计黄牌停赛，阿根廷队会不会赢得1990年世界杯冠军？如果他能更早遇到马拉多纳，阿根廷队是不是会收获更大的成功？可惜的是，足球世界没有如果，这些问题的答案，都消散在了风中。

姓名：克劳迪奥·卡尼吉亚

出生日期：1967年1月9日

主要球衣号码：3号、8号、7号、21号

国家队数据：50场16球

初代偶像

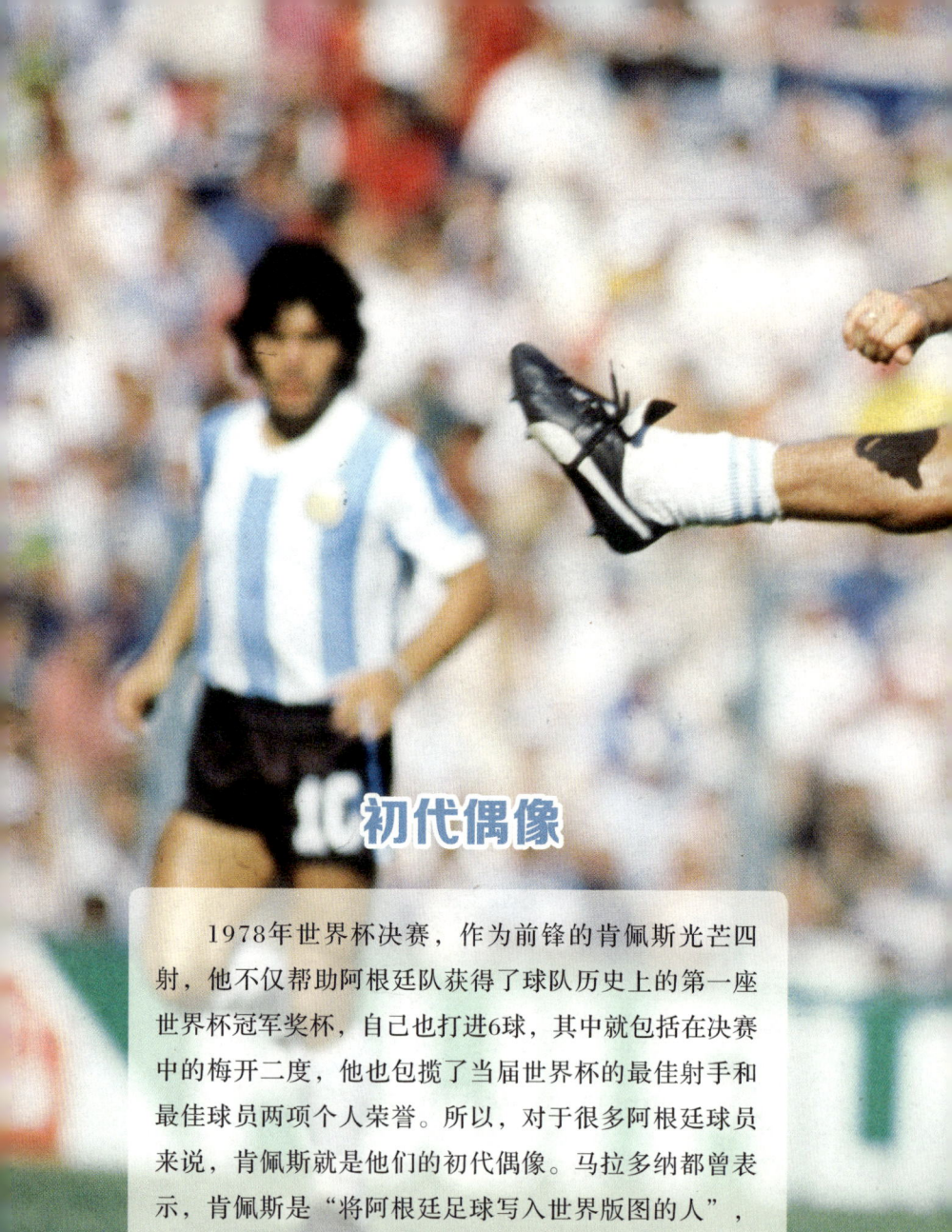

1978年世界杯决赛，作为前锋的肯佩斯光芒四射，他不仅帮助阿根廷队获得了球队历史上的第一座世界杯冠军奖杯，自己也打进6球，其中就包括在决赛中的梅开二度，他也包揽了当届世界杯的最佳射手和最佳球员两项个人荣誉。所以，对于很多阿根廷球员来说，肯佩斯就是他们的初代偶像。马拉多纳都曾表示，肯佩斯是"将阿根廷足球写入世界版图的人"，而巴蒂斯图塔更是肯佩斯的球迷。这一切都可以说明，肯佩斯在1978年世界杯中的表现有多么的出色。

姓名：马里奥·肯佩斯

出生日期：1954年7月15日

主要球衣号码：13号、10号、11号

国家队数据：43场20球

姓名：豪尔赫·巴尔达诺

出生日期：1955年10月4日

主要球衣号码：20号、11号

国家队数据：23场7球

最佳搭档

1986年世界杯，是属于马拉多纳的世界杯，但在阿根廷队队内，巴尔达诺也打进了4球，是阿根廷队除了马拉多纳之外的第二射手。作为一名"僚机"，巴尔达诺出色地完成了为马拉多纳分担压力的任务。在对阵联邦德国队的决赛上，正是巴尔达诺为阿根廷队打进了第二球，让球队建立了两球领先的比分优势。所以，如果没有马拉多纳，阿根廷队必定不会夺冠，但如果没有巴尔达诺，阿根廷队也不会轻易夺冠。

姓名：奥斯卡·鲁杰里

出生日期：1962年1月26日

主要球衣号码：17号、19号、6号

国家队数据：97场7球

幕后功臣

　　1986年世界杯，马拉多纳当然是阿根廷队夺冠的最大功臣，但在防守端，阿根廷队之所以可以屡屡保护好球门，鲁杰里所率领的钢铁防线同样不可忽视。在整届赛事中，虽然阿根廷队只有三场零封，但鲁杰里几乎在每场比赛中都完美地限制了对方核心球员的发挥，从而让对手的进攻效率被迫下降。鲁杰里可以防住对手，对手却防不住马拉多纳，一攻一防之间的相互依托，阿根廷队岂有不夺冠的道理？

姓名：丹尼尔·帕萨雷拉

出生日期：1953年5月25日

主要球衣号码：19号、15号、6号

国家队数据：70场22球

冠军队长

  1978年世界杯，年仅25岁的帕萨雷拉就戴上了阿根廷队的队长袖标。整届世界杯，帕萨雷拉的统治力和影响力都感召着整支球队，从而将阿根廷队第一次推上了世界之巅的位置。除了在中卫位置上表现出色，还有作为队长的领袖气质之外，帕萨雷拉在进攻端也很出色，他为阿根廷队出战70场比赛，打入22球。可惜的是，帕萨雷拉在后期与马拉多纳出现了一些矛盾，包括执教阿根廷队时不允许球员留长发，这一系列举动都让他引发了一些争议，但他为阿根廷队做出的贡献依然不可磨灭。

姓名：埃尔南·克雷斯波

出生日期：1975年7月5日

主要球衣号码：18号、17号、19号、9号

国家队数据：64场35球

锋线猛将

  2006年世界杯，即将年满31岁的克雷斯波终于以主力的身份参加了世界杯。登场的4场比赛里，克雷斯波打进3球，助攻1次，位列当届世界杯射手榜的第二名，入选了世界杯最佳阵容，可惜的是，阿根廷队只打进了八强。作为阿根廷队进军2002年世界杯的第一射手，如果克雷斯波能在2002年世界杯便成为球队的主力，那么阿根廷队的结果会不会有所不同？俱乐部赛场上，克雷斯波在各个联赛都证明了自己的实力。

姓名：哈维尔·萨内蒂

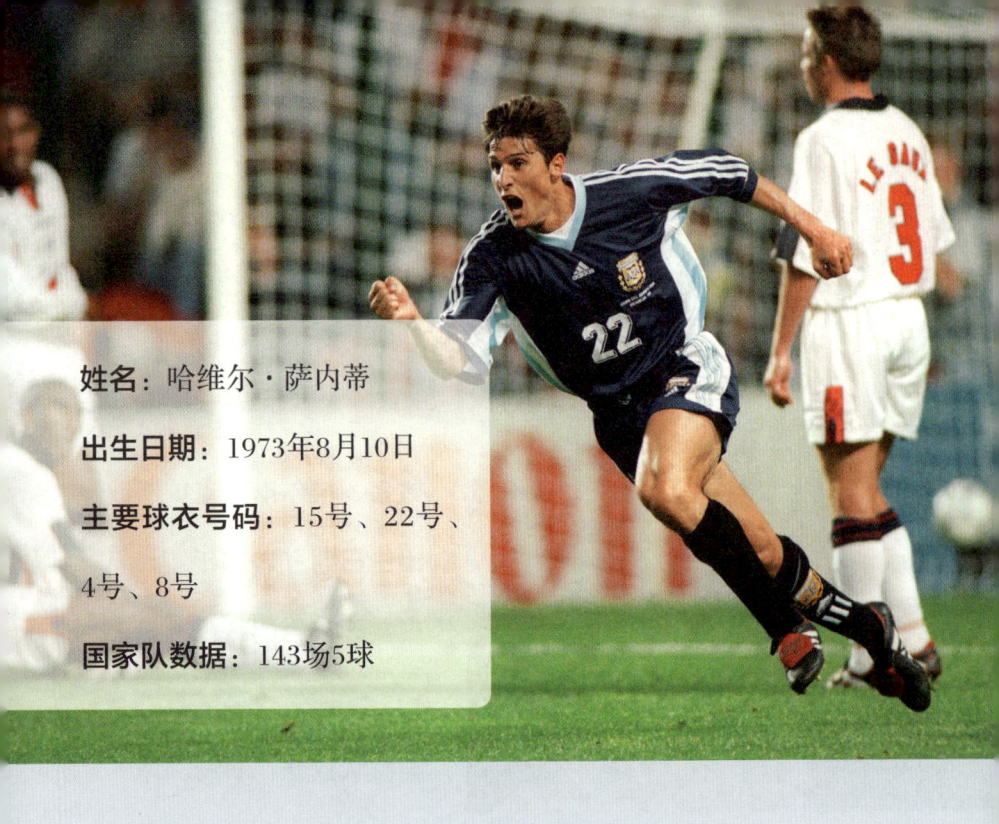

出生日期：1973年8月10日

主要球衣号码：15号、22号、4号、8号

国家队数据：143场5球

永远的"小将"

1998年世界杯1/8决赛，阿根廷队与英格兰队展开了一场激烈的角逐，就在英格兰队逆转比分之后，阿根廷队用一次精妙的任意球战术配合扳平了比分，打进这个关键进球的就是萨内蒂。作为一名后场球员，勤恳的萨内蒂可以胜任很多位置，这让他在阿根廷队总能占据一席之地。萨内蒂为阿根廷队出战144场，而在俱乐部赛场，萨内蒂更为知名，他是国际米兰队的功勋队长。在阿根廷队和国际米兰队的球迷心中，萨内蒂永远是那个跑不死的"小将"。

姓名：埃米利亚诺·马丁内斯

出生日期：1992年9月2日

主要球衣号码：12号、23号

国家队数据：37场

大器晚成的"门神"

和球场上的其他位置相比，门将是一个很少发生变动的位置，所以当马丁内斯在职业生涯的前十年不断地经历外租和替补时，他注定没有想到此后发生的一切，因为这一切都太过于魔幻。2021年，已经28岁的马丁内斯才完成阿根廷队的首秀，在同年7月的美洲杯决赛上，马丁内斯帮助阿根廷队夺得冠军，个人也荣膺赛事金手套奖，并入选了赛事最佳阵容。2022年世界杯，马丁内斯更是多次奉献精彩扑救，帮助阿根廷队夺得冠军，自己也成为世界杯历史上首位获得金手套奖的南美球员。马丁内斯的故事告诉我们，坚持是人生最大的真理。

姓名：保罗·迪巴拉

出生日期：1993年11月15日

主要球衣号码：22号、19号、7号、21号

国家队数据：38场3球

"小魔仙"

  2022年世界杯，迪巴拉在加时赛的最后时刻替补登场，在短短的几分钟里，迪巴拉帮助阿根廷队顶住了对手的猛攻，从而将比赛拖入到了点球大战。在点球大战当中，技术精湛的迪巴拉没有出现失误，稳稳地罚进点球，帮助阿根廷队在点球大战里以4∶2的比分战胜法国队，夺得了球队的第三座世界杯冠军奖杯。多年以来，迪巴拉在阿根廷队的位置都不够稳定，很多教练都认为他的位置和梅西重合，这使得迪巴拉在阿根廷队的出场时间并不多。但在2022年世界杯，迪巴拉还是做出了自己的贡献，这依然是他值得骄傲的地方。

姓名：胡利安·阿尔瓦雷斯

出生日期：2000年1月31日

主要球衣号码：27号、20号、15号、9号

国家队数据：29场7球

梅西的黄金搭档

　　2022年世界杯，年轻的阿尔瓦雷斯直接成为阿根廷队的主力球员，7场比赛他全部登场，因为他担负着一项关键的任务：为梅西制造发挥的空间。作为一名前锋，阿尔瓦雷斯顶在阿根廷队阵形的最前方，不断地用冲刺和拉边牵制对方的防守球员，从而为身后的梅西制造出空间，让后者施展自己的精湛技术。在这样沉重的职责下，阿尔瓦雷斯还打入4球、送出1次助攻，他在战术作用和进球效率上形成了完美的平衡。阿根廷队能够夺冠，阿尔瓦雷斯必须要记上一功。

埃米利亚诺·马丁内斯　　　　　尼古拉斯·奥塔门迪

克里斯蒂安·罗梅罗　　马科斯·阿库尼亚

　　　　　　　　　　　　　贡萨洛·蒙铁尔

赫尔曼·佩泽拉

吉奥瓦尼·洛塞尔索　　尼古拉斯·塔利亚菲科

莱安德罗·帕雷德斯　　吉多·罗德里格斯

　　　　　　　　　　罗德里戈·德保罗
安赫尔·迪马利亚
　　　　　埃塞基耶尔·帕拉西奥斯

劳塔罗·马丁内斯　　尼古拉斯·冈萨雷斯

利昂内尔·梅西　　亚历克西斯·麦卡利斯特

　　　　　　　　　　　保罗·迪巴拉
恩佐·费尔南德斯
　　　　　胡利安·阿尔瓦雷斯
　　　　　　　　　　　　　　库休福
塞尔希奥·罗梅罗　　奥斯卡·鲁杰里

何塞·路易斯·布朗　　　塞尔希奥·巴蒂斯塔
　　　　　埃克托·恩里克
　　　　　　　　　　豪尔赫·布鲁查加
奥拉蒂科埃切亚

里卡多·朱斯蒂　迭戈·马拉多纳　豪尔赫·巴尔达诺

　　阿尔贝托·塔兰蒂尼　　埃尔南·克雷斯波

丹尼尔·帕萨雷拉　　　　　豪尔赫·奥尔金

　　路易斯·加尔万　　　　马里奥·肯佩斯

　阿梅里科·加列戈　　奥斯瓦尔多·阿迪列斯

奥马尔·拉罗萨　　奥斯卡·奥尔蒂斯　　勒内·豪斯曼

莱奥波尔多·卢克　　　西尔维奥·马尔佐利尼

　　丹尼埃尔·贝尔托尼　　　罗伯托·阿亚拉

罗伯托·佩尔福莫　　　　　　　费尔南多·雷东多
　　　　　　　巴勃罗·萨巴莱塔
哈维尔·马斯切拉诺　　　　　　克劳迪奥·卡尼吉亚
　　　　　　罗曼·里克尔梅

　　　　　　　　　埃斯特班·坎比亚索
加夫列尔·巴蒂斯图塔　哈维尔·萨内蒂
　　　　　　　　　　　　瓦尔特·萨穆埃尔
　迭戈·西蒙尼　利桑德罗·洛佩斯
　　　　　　　　　　　埃塞基耶尔·拉维奇
恩佐·佩雷斯　冈萨洛·伊瓜因
　　　　　　　　　　　卡洛斯·特维斯
马丁·德米凯利斯　马克西·罗德里格斯

　　　　　　　　　　尼古拉斯·布尔迪索
　哈维尔·帕斯托雷　迭戈·米利托
　　　　　　　　　　哈维尔·萨维奥拉
塞尔希奥·阿圭罗　罗伯托·阿邦丹谢里

最佳阵容

主力阵容（"433"阵形）

门将：乌巴尔多·菲洛尔

后卫：阿尔贝托·塔兰蒂尼、丹尼尔·帕萨雷拉、奥斯卡·鲁杰里、哈维尔·萨内蒂

中场：安赫尔·迪马利亚、马里奥·肯佩斯、何塞·曼努埃尔·莫雷诺

前锋：迭戈·马拉多纳、加夫列尔·巴蒂斯图塔、利昂内尔·梅西

替补阵容（"442"阵形）

门将：埃米利亚诺·马丁内斯

后卫：西尔维奥·马尔佐利尼、罗伯托·阿亚拉、罗伯托·佩尔福莫、巴勃罗·萨巴莱塔

中场：费尔南多·雷东多、哈维尔·马斯切拉诺、罗曼·里克尔梅、埃斯特班·坎比亚索

前锋：克劳迪奥·卡尼吉亚、豪尔赫·布鲁查加

注：以上阵容通过多方数据参考得出，具有主观性，仅供阅读。

历任主帅及战绩

姓名	国家/地区	上任时间	离任时间	执教总场数	执教胜场数	执教平局场数	执教负场数
利昂内尔·斯卡洛尼	阿根廷	2018年8月2日	–	68	50	12	6
豪尔赫·桑保利	阿根廷	2017年6月1日	2018年7月15日	15	7	4	4
埃德加多·巴乌萨	阿根廷	2016年8月1日	2017年4月10日	8	3	2	3
赫拉多·马蒂诺	阿根廷	2014年8月13日	2016年7月5日	29	20	4	5
亚历杭德罗·萨维利亚	阿根廷	2011年8月6日	2014年7月31日	41	27	9	5
塞尔希奥·巴蒂斯塔	阿根廷	2010年7月28日	2011年7月25日	17	8	5	4
迭戈·马拉多纳	阿根廷	2008年10月28日	2010年7月5日	24	18	0	6
阿尔菲奥·巴西莱	阿根廷	2006年9月1日	2008年10月16日	28	14	8	6
何塞·佩克尔曼	阿根廷	2004年9月16日	2006年6月30日	27	15	5	7
马塞洛·贝尔萨	阿根廷	1998年10月20日	2004年9月14日	68	42	15	11
丹尼尔·帕萨雷拉	阿根廷	1994年8月1日	1998年7月5日	55	33	11	11
阿尔菲奥·巴西莱	阿根廷	1991年1月1日	1994年7月7日	48	28	14	6
卡洛斯·比拉尔多	阿根廷	1983年2月23日	1990年7月31日	77	27	28	22
路易斯·梅诺蒂	阿根廷	1974年8月1日	1982年7月31日	67	36	14	17
弗拉迪斯拉奥·卡普	阿根廷	1974年1月1日	1974年12月31日	10	3	3	4
奥马尔·西沃里	阿根廷	1972年9月1日	1973年6月30日	7	4	2	1
胡安·何塞·皮佐蒂	阿根廷	1970年1月1日	1972年7月10日	11	4	3	4
胡安·卡洛斯·洛伦佐	阿根廷	1966年7月11日	1966年7月30日	4	2	1	1
奥拉西奥·阿玛贝尔·托雷斯	阿根廷	1962年7月1日	1964年6月30日	8	4	1	3
胡安·卡洛斯·洛伦佐	阿根廷	1962年5月30日	1962年6月17日	3	1	1	1
维克多里奥·斯皮内托	阿根廷	1960年7月20日	1961年6月30日	9	5	2	2
吉列尔莫·斯塔比莱	阿根廷	1939年7月1日	1960年6月30日	86	60	11	15
曼努埃尔·西阿内	阿根廷	1935年1月1日	1937年12月31日	9	7	0	2
弗朗西斯科·奥拉萨	阿根廷	1929年2月1日	1930年6月30日	9	7	1	1
何塞·拉戈·米兰	西班牙	1927年1月1日	1929年1月1日	9	6	2	1

历届大赛成绩

时间	赛事名称	举办地	最终排名	备注
1916年	美洲杯	阿根廷	亚军	
1917年	美洲杯	乌拉圭	亚军	
1919年	美洲杯	巴西	季军	
1920年	美洲杯	智利	亚军	
1921年	美洲杯	阿根廷	冠军	
1922年	美洲杯	巴西	第4名	
1923年	美洲杯	乌拉圭	亚军	
1924年	美洲杯	乌拉圭	亚军	
1925年	美洲杯	阿根廷	冠军	
1926年	美洲杯	智利	亚军	
1927年	美洲杯	秘鲁	冠军	
1929年	美洲杯	阿根廷	冠军	
1930年	世界杯	乌拉圭	亚军	小组赛出局
1934年	世界杯	意大利	第9名	1/8决赛出局
1935年	美洲杯	秘鲁	亚军	
1937年	美洲杯	阿根廷	冠军	
1938年	世界杯	法国	-	弃权
1939年	美洲杯	秘鲁	-	弃权
1941年	美洲杯	智利	冠军	
1942年	美洲杯	乌拉圭	亚军	
1945年	美洲杯	智利	冠军	
1946年	美洲杯	阿根廷	冠军	
1947年	美洲杯	厄瓜多尔	冠军	
1949年	美洲杯	巴西	-	弃权
1950年	世界杯	巴西	亚军	
1953年	美洲杯	秘鲁	-	弃权
1954年	世界杯	瑞士	-	弃权
1955年	美洲杯	智利	冠军	
1956年	美洲杯	乌拉圭	季军	
1957年	美洲杯	秘鲁	冠军	
1958年	世界杯	瑞典	第13名	小组赛出局
1959年	美洲杯	阿根廷	冠军	
1959年	美洲杯	厄瓜多尔	亚军	
1962年	世界杯	智利	第10名	小组赛出局
1963年	美洲杯	玻利维亚	季军	
1966年	世界杯	英格兰	第5名	1/4决赛出局

续表

时间	赛事名称	举办地	最终排名	备注
1967年	美洲杯	乌拉圭	亚军	
1970年	世界杯	墨西哥	-	未晋级决赛圈
1974年	世界杯	联邦德国	第8名	第二阶段小组赛出局
1975年	美洲杯	无主办国巡回赛	第5名	小组赛出局
1978年	世界杯	阿根廷	冠军	
1979年	美洲杯	无主办国巡回赛	第8名	小组赛出局
1982年	世界杯	西班牙	第11名	第二阶段小组赛出局
1983年	美洲杯	无主办国巡回赛	第6名	小组赛出局
1986年	世界杯	墨西哥	冠军	
1987年	美洲杯	阿根廷	第4名	
1989年	美洲杯	巴西	季军	
1990年	世界杯	意大利	亚军	
1991年	美洲杯	智利	冠军	
1993年	美洲杯	厄瓜多尔	冠军	
1994年	世界杯	美国	第10名	1/8决赛出局
1995年	美洲杯	乌拉圭	第5名	1/4决赛出局
1997年	美洲杯	玻利维亚	第6名	1/4决赛出局
1998年	世界杯	法国	第6名	1/4决赛出局
1999年	美洲杯	巴拉圭	第8名	1/4决赛出局
2001年	美洲杯	哥伦比亚	-	弃权
2002年	世界杯	韩国、日本	第18名	小组赛出局
2004年	美洲杯	秘鲁	亚军	
2005年	联合会杯	德国	亚军	
2006年	世界杯	德国	第6名	1/4决赛出局
2007年	美洲杯	委内瑞拉	亚军	
2010年	世界杯	南非	第5名	1/4决赛出局
2011年	美洲杯	阿根廷	第7名	1/4决赛出局
2014年	世界杯	巴西	亚军	
2015年	美洲杯	智利	亚军	
2016年	美洲杯	美国	亚军	
2018年	世界杯	俄罗斯	第16名	1/8决赛出局
2019年	美洲杯	巴西	季军	
2021年	美洲杯	巴西	冠军	
2022年	世界杯	卡塔尔	冠军	

历史出场榜

排名	姓名	出场数
1	利昂内尔·梅西*	180
2	哈维尔·马斯切拉诺	147
3	哈维尔·萨内蒂	143
4	安赫尔·迪马利亚*	138
5	罗伯托·阿亚拉	115
6	尼古拉斯·奥塔门迪*	111
7	迭戈·西蒙尼	106
8	塞尔希奥·阿圭罗	101
9	奥斯卡·鲁杰里	97
10	塞尔希奥·罗梅罗*	96
11	迭戈·马拉多纳	91
12	阿里尔·奥特加	86
13	加夫列尔·巴蒂斯图塔	78
14	卡洛斯·特维斯	76
15	冈萨洛·伊瓜因	75
15	胡安·索林	75
17	阿梅里科·加列戈	73
17	加夫列尔·海因策	73
19	胡安·塞巴斯蒂安·贝隆	72
20	丹尼尔·帕萨雷拉	70

注：标注*的为现役球员，本榜单仅取前20名。